U0060374

股票投資智典

分析師及基金經理抽屜裡的私房書

彭宣衛博士◎著

策滙傳信
Dvls Press

目錄
Contents

Contents

第二章　行業分析　118

第三章　影響投資的主要心理　147

Contents

Contents

Contents

導讀

　　股票投資極富藝術性，根本沒有一套可以成為投資者常勝的工具，也沒有一套保證贏錢的理論，投資者可因應市場變化，靈活變通地進行買賣；有人堅守原則、有人按大師指點、亦有人亂石投林。這就像是一個通曉功夫技藝的拳師，目的就是將對手打倒。於是有人會問：既然如此，為甚麼我們還要學一些瑣瑣碎碎的投資理論和技巧，如果我能夠飼養一條可以預測未來的八爪魚（即章魚，它的家族成員保羅在2010年足球世界杯比賽期間一時風頭無兩），不就更快大功告成？可惜八爪魚雖多，但是只有一、兩條能夠預知未來。現有流行的投資技巧與理論並不是一條料事如神的八爪魚，它們只是告訴你在過去有人曾經使用它們贏得利潤或減少損失。我不敢說他們是千錘百煉出來的東西，但他們能夠遺留下來並且流傳就代表它們有它們的作用。事實上，我仍未看過任何一本股票投資指南記載如何利用一條八爪魚估計股價走勢。在這本書中，我將市場上一般常用的投資技巧及理論做了有系統的排列，它們都是訓練專業基金經理和商學院學生的主要教材，利用這些理論及技巧，會為客戶贏得不少收益（否則基金公司都已關門大吉）。當然，能夠勝過專業經理的投資者有不少，可惜他們大多沒有著書立說，令商學院及股票投資補習班無法將它們的經驗納為教材。

　　股票投資主要分為兩大類，即由上而下的投資方法（Top Down Approach），另一種是從下而上的投資方法（Bottom Up Approach）。前者認為在市場大環境好的時候，只要我們買入大藍籌，龍頭股，便可以賺得大利。故此，監察及評估經濟前景為首要祕技。後者則認為只要我們找到高素質（即盈利前景秀麗及財政健全的股份），在牛市中，我們會大大獲利，而即使在熊市中，這些股份也能夠讓我們減少損失。我對這兩種截然不同的方法沒有任何喜惡，該算是混合體吧！然而，在編寫這本書時，我的目的，是沒有偏見地將不同技巧及理論按類紛陳的介紹給讀者。

　　在整理排列有關資訊時，我採用由上而下分門別類的方法，先談經濟，後談個別股份的分析。希望讀者能夠井然有序的將資訊吸收。

　　由於我對個別理論或技巧沒有偏好，故此我在論述每個專題時會盡量同時介紹不同的看法或技巧，同時希望讀者能夠有自行判決各技巧的優劣。另一方面，我亦會盡量向讀者訴說我的經驗，但這不是一個耀武揚威的舉動，而是一個拋磚引玉的變流。

　　另一方面，由於我希望這本能夠涵蓋更多內容，故此部份內容只能略作介紹，未能對每項投資知識都深入講述。希望將來再版或在另一本書刊能夠再加以詳細解讀。

　　在編著時，我花了點時間將專有名詞的原本英文註出。然在華文社會中，不同的名詞有著不同的翻譯，為方便不同地域的讀者，我只好將英文原文寫出，希望不至不倫不類。

　　在介紹不同分析技巧時，無可避免地加入運算公式。我已盡可能將公式簡化，希望沒有太深厚數學根底的讀者亦能分享。

　　最後，我要再三強調的是：基本功是必要的，但不代表它們是一成不變的，靈活運用及活學活用更是重要。謹祝讀者展開快樂的投資經驗。

本書規劃
由上而下的投資方法　與　從下而上的投資方法

	步驟	概略	本書章節
由上而下的投資方法（Top Down Approach）	經濟分析	判定當期經濟情況，假如經濟環境理想，投資者可採取較進取的投資；反之，應採保守的策略。	第一章：主要經濟指標
	行業分析	選定處於發展及增長期行業的企業；避免位處成熟期或衰退期行業的企業。	第二章：行業分析
	投資者心理	了解市場參與者的心理。	第三章：影響投資者的主要心理
	投資方略	訂定適合的投資方略。	第四章：主要投資方略
	入市時機	判定何時買賣股票。	第五章：股票型態分析
	證券價值評估	評估目標股票的實際或相對價值。	第十章：證券價值評估
	會計比率分析	從另一角度進一步了解一家企業的財務情況。	第九章：會計比率分析
	財務分析	了解上市企業的財政實力。	第八章：上市企業的財務分析
	企業問題分析	從不同角度研究企業有否潛藏危機。	第七章：企業問題預警指標
從下而上的投資方法（Bottom Up Approach）	篩選股份	用不同的準則篩選一籃子股票作進一步分析。	第六章：選股指南

第一章
主要經濟指標

　　判斷經濟現況及預測經濟可以是股票投資的起點，經濟行情火紅，買了好的股票當然會帶來豐富的收益，即使買入平庸素質的股份也可以獲利。反之，即使我們買入最好的股份，但在經濟環境呆滯或向下時，無論買入任何類型的股份，都會帶來損失，這就是「從上而下」投資法（Top Down Approach）。

　　經濟分析可分為本地層面及國際層面。在本地層面上，我們可以參考本地的經濟數據；而在國際層面，我們就必須參考美國、德國及日本的數據。其中更以美國的經濟數據最為重要，因為她在國際上依然舉足輕重，其經濟政策對全球的匯率及利率走勢均有重大程度的影響。有幸的是這幾個經濟大國都會定時發佈有關資訊，不幸的是她們所發佈的資訊林林總總，新手根本就不知從哪裡入手。我在本部份裏會有系統地選取了一些最重要的經濟指標，分別扼要地講述它們的背後涵意及為何如此重要，而最重要的是列出它們的公佈時刻以方便讀者即時取得最新資訊。但由於這種有關聯性的資訊時有改變，讀者應不時自行在網上更新資料。

　　另一方面，在分列各個主要經濟指標時，暫時沒有列入中國大陸的經濟指標。我用暫時一詞代表我希望在這本書在做修訂時

可以加入該等資訊。目前中國大陸的經濟訊息也不少，但在發佈上仍有改善的空間。

　　至於本地經濟訊息的發佈，我們比較容易在報章獲取。而各個經濟指標的定義及背後意義跟我在本部份所介紹的美、德、日經濟指標大同小異，在各項本地經濟數據中，我希望投資者特別留意一、利率曲線（Yield Curve）及二、銀行同業拆息（Interbank Discount Rate）。前者是通貨膨脹的預警，後者是熱錢（Hot Money）流出流入的指標，都是跟股價走勢有密切關係。

　　一、利率曲線　（Yield Curve）

　　利率曲線是指我們按不同年期的貸款率畫在一條線上。由於通貨膨脹的緣故，長期借款利率會較短期借款利率為低，故此曲線應該是由左至右地向上斜升（Up-slope）。而斜度則代表市場對通貨膨脹的預測。假如，利率曲線只是平坦而稍微向上，則代表市場估計未來通貨膨脹並不會急劇上升。在這時候，我們大概可以投資於一些公用類股份，並且避免房地產類股份。反之，假如利率曲線猛然上升，代表市場對未來通貨膨脹有所擔心，並期望通貨膨脹會上升，這時候，我們大概可投資於房地產類股份。

例子	利率	利率
	（a）	（b）
三個月期國債	1. 2%	1. 2%
六個月期國債	1. 4%	1. 6%
一年期國債	1. 6%	2. 0%
二年期國債	1. 8%	2. 4%
三年期國債	2. 0%	2. 8%
五年期國債	2. 2%	3. 2%
十年期國債	2. 4%	3. 6%

在這個例子中，利率（a）的情況出現時，市場大概預期未來通貨膨脹只會有較溫和的增長。而利率（b）則顯現市場預期通貨膨脹將會有較大的增加，政府甚至可能會採取較緊縮的財政政策。

當然，由於港幣是與美元掛鈎的，故此，利率走勢在沒有選擇下會緊貼美國息率走勢。在這情況下，本地的利率曲線會同時顯示本地及美國的通貨膨脹預期。

有人會問，利率曲線會否由左至右下降。這種情況是會發生的，我們稱之為「負利率曲線」（Negative Yield Curve）或者是「反利率曲線」（Inverse Yield Curve）。但我的職業生涯中只遇上一、兩次，而且是短暫的。然而那時卻是賺大錢的機遇，投資者根本不用選擇甚麼產品投資，只

需在市場上借入長期債項，然後在市場上以短線形式借出便可。

二、銀行同業拆息 （Interbank Discount Rate）

　　銀行同業拆息是指銀行同業間互相收取的借貸利率。銀行的經營性質不容許留存大量的閒置存款在銀行，因此，如果外圍有大量資金流入，銀行會壓低利息盡量將資金借給銀行同業；相反地，當資金流出時，銀行可能會向同業以較高的利率借入資金以供日常週轉所用。由此可見，銀行同業拆息是一個非常有效用於量度資金流入流出的手段。一般來說，股市會在資金流入時表現優異，但當資金流走，股市大都應聲回落。

　　這個指標亦有一定問題，就是不能預測流入及流出的資金是否「熱錢」（Hot Money）。「熱錢」是指那些在國際資本市場為獲取短期利潤而急速流竄的資金。只要那裡有賺錢的機會，熱錢就流向那裡。由於熱錢流動速度快，他們可以在短時間內在股市瘋狂買入股票，令股價飆升；但是當熱錢流走，股價便會在毫無預警中大跌。但這個判斷是困難的，因為在炙熱的股市中，突然無緣無故的股價大跌可能只是一個假象，熱錢可能只做短時間的拋售，並在低價時再買入。當大多投資者認為那些熱錢不是熱錢而再行追捧各

股份，最後，當熱錢真正離開時，投資者便會蒙受很大的損失。這種事例，在市場上比比皆是。在這情況下，我們可以從銀行同業拆息的走勢中看到熱錢真的流走，以判定這是否一個陷阱。

本章所涵蓋的主要指標

頁數	經濟指標	整體重要性	對美國股市影響	對美元匯率影響	對美國經濟影響
	美國整體經濟				
027	領先經濟指標（Index of Leading Economic Indicators）	**			
030	國民生產總值（Gross Domestic Product，簡稱 GDP）	****	＾＾＾＾	$$$$$	
032	聯邦儲備局公開市場委員會議息會議結果公告（The Federal Open Market Committee Statement）	*****			
035	地區聯邦儲備局銀行對經濟情況的結論摘要（Summary of Commentary on Current Economic Conditions by Federal Reserve District），又稱為聯邦儲備局褐皮書（The Federal Reserve Boards Beige Book）	***			

037	地區性聯邦儲備銀行報告（Regional Federal Reserve Bank Report）	***			
	美國私人消費				
042	就業情況報告（Employment Situation）	*****	^^^^^	$$$$$	
044	每週新申領失業救濟金人數（Weekly Claims for Unemployment Insurance）	****	^^^^^		+++++
046	每週連鎖店銷售總額（Weekly Chain-Store Sales）	***			
048	招聘廣告指數（Help-Wanted Advertising Index）	*			
050	零售銷售（Retail Sales）	****	^^^^	$$$$	
052	私人收入與消費（Personal Income and Spending）	****	^^^^		+++++
055	ADP全國就業報告（ADP National Employment Report）	****			
057	大規模裁員統計（Mass Layoff Statistics，簡稱 MLS）	*			
059	消費者物價指數（Consumer Price Index，簡稱 CPI）	*****	^^^^^	$$$$$	

頁數	經濟指標	整體重要性	對美國股市影響	對美元匯率影響	對美國經濟影響
061	消費者信心指數（Consumer Confidence Index）	***	＾＾＾＾	$$$$	
064	消費者信貸結餘（Consumer Credit Outstanding）	*			
	私人及工商投資				
066	芝加哥商業測溫表（Chicago Business Barometer）	***			
068	供應管理協會製造業指數（Institute for Supply Management –Manufacturing Survey）	*****	＾＾＾＾＾	$$$$	++++
071	工業生產產值與產能使用率（Industrial Production and Capacity Utilization）	***		$$$$$	
073	商業庫存（Business Inventories，前稱Manufacturing and Trade Inventories and Sales）	*			
076	工廠訂單（Factory Orders，前稱Manufactures, Shipments, Inventories and Orders）	**			

頁數	經濟指標	整體重要性	對美國股市影響	對美元匯率影響	對美國經濟影響
078	耐用品訂單（Durable Goods Orders，又稱 The Advance Report on Durable Goods Manufacturers' Shipments,Inventories,and Orders）	****			+++++
080	UBS／蓋洛普投資者樂觀指數（UBS／Gallup Index of Investor Optimism）	*			++++
082	勞工成本指數（Employment Cost Index，簡稱ECI）	****			
084	生產商的物價指數（Producer Price Index）	*****	^^^^^		+++++
086	建築開支（Construction Spending）	*			
088	每週房屋房貸申請調查與全國房貸拖欠調查（Weekly Mortgage Applications Survey and the National Delinquency Survey）	***			++++
091	新屋銷售量（New Homes Sales）	***			

093	現成房屋銷售量調查（Existing Home Sales）及購買力指數（Affordability Index）	***			
096	新屋動工量及建築批准（Housing Starts and Building Permits）	***			+++++
	美國對外貿易				
098	財政部國際資金系統（Treasury International Capital System，簡稱 TIC System）	***			
100	國際收支平衡帳報告（Summary of International Transaction）	**			
102	貨品及服務的國際貿易數據（International Trade in Goods and Services）	***		$$$$$	
	德國及日本經濟指標	整體重要性	對本國股影響	對本國匯率影響	對本國經濟影響
104	日本工業生產（Industrial Production）	****			
106	日本短觀調查（Tankan Survey）	*****			
109	德國消費者物業指數（Consumer Price Index，簡稱CPI）	*****			

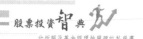

股票投資智典
分析師及基金經理抽屜裡的私房書

	德國及日本經濟指標	整體重要性	對本國股影響	對本國匯率影響	對本國經濟影響
111	德國IFO商業信心調查（IFO Business Survey）	****			
113	德國工業生產指數（Index of Production）	****			
註：	經濟指標按整體經濟＝私人消費＋私人及工商投資＋政府開支＋對外貿易（即GNP＝C＋I＋G＋（X－M））排列，惟本書並沒有涵蓋有關政府開支部份，故從略； 每欄重要性以*，＾，$ 及 ＋ 標示； 標號愈多，代表重要性在該分類愈高； 最高評級是5個標號； 沒有標號的經濟指標並非代表該指標是不重要，僅代表該指標的重要性於不同時段或範疇有不同重要性而已； 標號數目由作者按經驗及參考其他研究所定，並非經嚴格統計學術研究所得。故此，標示僅供參考； 經濟指標的內容，發放機構網址及新聞發佈網址時有變更。故本章內容純屬參考。				

1.1 領先經濟指標
（Index of Leading Economic Indicators）

國　　家：美國

發放機構：美國經濟諮商會（The Conference Board）

發放頻率：每月

發放時間：相關月份結束後第三個星期，美國東岸時間早上
　　　　　10：00

發放機構網址：www. globalindicators. org

新 聞 稿 ：www. globalindicators. org／us／LatestReleases

　　領先經濟指標（簡稱LEI）原本是由商務部綜合10個經濟指標編制而成的一個指標，但從1995年起改由紐約市的美國經濟諮商會（The Conference Board）執行。

領先經濟指標的10個組成部份是：

		比重
	非金融類指標	
1.	製造業平均每週工時時薪	25.4%
2.	平均每週新申領失業救濟金人數	3.3%
3.	製造商新接消費類貨品及原材料訂單	7.5%
4.	供應商表現或供貨時間指數	7.0%
5.	製造商新接非國防用資本財訂單	1.9%
6.	新建私人住宅動工的批准	2.7%
7.	密西根大學消費者期望指數	2.9%
	金融類指標	
8.	根據標準普爾500指數的股價	3.8%
9.	經通貨膨脹調整後真正貨幣供應M2	35.3%
10.	十年期國庫債券與聯邦儲備局息口的差額	10.2%

此外，美國經濟諮商會，亦刊出「同期指數」（Coincident Indictors）及「滯後指數」（Lagging Indicators），連同領先經濟指數，合組成完整的領先經濟指數報告。

		比重
	「同期指數」的組成部份是	
1.	非農業領取工資工人人數	52.9％
2.	扣除轉移支付（Transfer Payments）的個人收入	20.8％
3.	工業生產總值	14.7％
4.	製造業及貿易銷售	11.6％
	「滯後指數」的組成部份是	
1.	平均失業時間（以每星期為單位）	3.7％
2.	製造業及貿易行業的庫存與銷售比率	12.2％
3.	每單位生產成品中勞動力成本所佔比率的變動	6.2％
4.	平均銀行最優惠利率	27.8％
5.	商業及工業貸款的未還款數額	11.4％
6.	服務行業中物價指數（CPI）的變動	19.4％
7.	消費者信貸結欠與個人收入比例	19.3％

由於大部份的組成指數已經公佈並對市場產生影響，故此，這曾經非常重要的經濟指標已經不再風光，但基於下列原因，它們還是保持一定的參考價值：

1. 它是一個綜合性指標，對全面瞭解整體經濟情況有所幫助。

2. 這個從60年代已經存在的指標可以供投資者作長線分析。

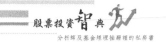

1.2 國民生產總值
（Gross Domestic Product，簡稱GDP）

國　　家：美國

發放機構：商務部（Bureau of Economic Analysis, Commerce Department）

發放頻率：每季度

發放時間：首輪初步估計在一月，四月，七月及十月的最後一個星期發佈；其後兩輪修正數字分別在一個月後及兩個月後公佈，美國東岸時間早上8：30

發放機構網址：www. bea. gov

新 聞 稿 ：www. bea. gov/newsreleases/national/gdp/gdpnewsrelease. htm

　　國民生產總值大概是投資者最熟識的經濟指標，它不單受投資者關注，就算是政府、聯邦儲備局，甚至其他國家的金融機構都會參閱該指標。國民生產總值簡單來說就是「全國所有個人及經濟體在同一時段內所產生的價值」。經濟學上國民生產總值由四部份所組成，包括：

1. 個人消費（Personal Consumption Expenditures），即每個人的總消費額。

2. 總私人國內投資（Gross Private Domestic Investment）及國內所有私人企業的投資總額。

3. 淨出口（Net Export）及美國所有出口總值減去美國同期的入口總額。

4. 政府開支（Government Consumption and Gross Investment），即在一段時段內，政府所有消費及投資的總額。

國民生產總值又按通貨膨脹的情況分為「名義國民生產總值」（Nominal GDP）及「實際國民生產總值」（Real GDP）。前者是按目前的價格來計算，而後者則以去除因通貨膨脹引起的漲價情況來計算。

國民生產總值廣泛地被市場所採納，因為：

1. 它全面地反映全國所有經濟部份的經濟表面，對量度整體經濟健康狀況有絕對的指標性作用。

2. 它分別檢視了不同經濟體系的健康情況。

3. 它亦反映在期間內的全國通貨膨脹的問題。

4. 這是全國通用的經濟指標，市場參與者不能不理會它。

1.3 聯邦儲備局公開市場委員會議息會議結果公告
（The Federal Open Market Committee Statement）

國　　家：美國

發放機構：聯邦儲備局（Federal Reserve Board）

發放頻率：每年8次

發放時間：聯儲局公開市場委員（簡稱FOMC）議息會議結
　　　　　束後當日下午2：15

發放機構網址：www. federalreserve. gov

新 聞 稿 ：www. federalreserve. gov/newsevents. htm

　　聯邦儲備局（簡稱聯儲局）屬下公開市場委員會（簡稱FOMC）的主要工作是決定聯邦儲蓄利率（Federal Fund Rate，簡稱Fed Rate），這是美國的銀行可以在聯儲局借款的息口，而銀行大致都會按這個息口向客戶徵收利息，故此透過對Fed Rate的控制，聯儲局可以利用利率政策來調節美國經濟發展的步伐。通常當經濟迅速增加，導致通貨膨脹上升的機會增加時，FOMC會提高Fed Rate以防止通貨膨脹急劇增長。反之，當經濟增長放緩，FOMC便會透過降低Fed Rate來刺激經濟發展。整體目的是

保持全國經濟發展及通貨膨脹平衡。由於金融市場對利息升跌的走勢特別敏感，故此FOMC的議息結果對市場有極大影響。

　　FOMC由19位委員組成，其中7位是聯儲局董事（Governors），12位是各區聯儲銀行行長。在每年8次閉門的FOMC議息會議中，每一位委員都有權在會議上發表意見，但只有12位委員有權投票，包括7位聯儲局董事，紐約州聯儲銀行行長及4位輪任地區聯儲銀行行長，依次是波士頓（Boston）、費城（Philadelphia）、里蒙市（Richmond）、克里夫蘭（Cleveland）、芝加哥（Chicago）、亞特蘭大（Atlanta）、聖路易斯市（St. Louis）、達拉斯（Dallas）、明尼波里斯（Minneapolis）、堪薩斯市（Kansas City）及三藩市（San Francisco）。在討論及表決時，他們可根據的資料包括：

1. **褐皮書（Beige Book）**，正名是「地區聯邦儲備銀行對經濟現況的結論提要」，是FOMC議息會議前兩週公開發表，內容是各區商業從業員及學者對經濟現況的判斷。

2. **綠皮書（Green Book）** 是聯儲局高級經濟師對經濟現況的判斷，內容不對外公開。

3. **藍皮書（Blue Book）** 是聯儲局職員就目前經濟情況來判斷利率政策以外的可能經濟手段及後果，內容亦不公開。

　　每次FOMC議息會議一般預計在一日內完成，但通常不會超過兩天。早上9：00召開，並在下午2：15以新聞稿形式發表議息結果，內容包括：目前經濟情況，聯儲局對經濟增長及通貨膨脹的判斷，委員對未來前景的看法及參考投票委員的投票紀錄。這份新聞稿內容雖然簡單，但能扼要地說明經濟增長及通貨膨脹的情況及前景，所以市場在新聞稿發出後都會有較大的反應。

　　FOMC議息會議結果是判斷美國，甚至國際利率走勢的必要讀物，它的重要性在於：

1. 簡單扼要地說明聯儲局對經濟現況的判斷及對未來發展與通貨膨脹前景的預測。
2. FOMC議息會議對全美銀行息口走勢有指導性作用。

1.4 地區聯邦儲備局銀行對經濟情況的結論摘要（Summary of Commentary on Current Economic Conditions by Federal Reserve District），又稱為聯邦儲備局褐皮書（The Federal Reserve Boards Beige Book）

國　　家：美國

發放機構：聯邦儲蓄局（Federal Reserve Board）

發放頻率：每年8次

發放時間：聯邦儲備局公開市場委員會

　　　　　（Open Market Committee）開會前二個星期三

　　　　　前；美國東岸時間下午2：00

發放機構網址：www. federalreserve. gov

新 聞 稿 ：www. federalreserve. gov/frbindex. htm

　　聯邦儲備局（下稱聯儲局）屬下的公開市場委員會（Federal Open Market Committee，簡稱FOMC）的一個重要任務是制定聯邦儲備銀行的息口，亦即是全國銀行可從聯邦儲備銀行借款息口，間接訂定全國銀行的息口。FOMC委員共19位，其中7位是聯儲局董事（Governors），12位是地區聯儲銀行行長。在表決時，

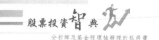

只有12位可以投票，包括7位董事，紐約州聯儲銀行行長職位即由餘下11位地區聯儲銀行行長輪流選出的4位行長負責。FOMC每年共召開8次會議，聯儲局褐皮書就是供FOMC各委員在做決定時參考的文件，一般是在FOMC前兩星期前發表。

聯儲局褐皮書是12家聯儲銀行對各地目前經濟情況結論的摘要。每間聯儲局銀行會各自在區內向本地商業從業員及學者查詢對當前經濟狀況的意見，並輯錄成結論，而最終版本由其中一家地區聯儲銀行修訂。這報告並非是一份經濟數據的輯錄本，而是意見書，供FOMC委員參考。FOMC委員在討論及投票利率政策時，亦會參考通常稱為綠皮書（Green Book）及藍皮書（Blue Book）等另外兩份文件，前者是聯儲局本身的經濟師所編寫的研究報告，而後者則是聯儲局職員對利息以外的政策的評價及對後果的推測。但這份報告均不是公開文件，故此只有褐皮書能供投資者參考。

聯儲局褐皮書一向被市場認為是對投資決定影響最大的的參考文件，原因大致有以下各點：

1. 它綜合了全國12間地區聯儲銀行的意見及判斷。
2. 褐皮書是FOMC委員在制定利息政策時所參考的三份重要文件之一。
3. 部份市場人士認為可以透過檢視褐皮書，可以推測出FOMC委員的議息結果。

1.5 地區性聯邦儲備銀行報告
（Regional Federal Reserve Bank Report）

　　美國聯邦儲備局（以下簡稱聯儲局）在全國各區設有12間聯儲銀行，分別負責各自地區的金融事務。除了全國聯儲局會發放各類經濟調查報告外，各地區性聯儲銀行亦會各自發放調查報告，它們大多數著重自己地區內的經濟事務，故並不引起國際性投資者所注視，但其中也有一些會受市場所重視，下面介紹的是五份地區性聯儲銀行所發的報告，我們不時在傳媒或研究報告中見得到它們的身影。

A. 紐約州聯儲銀行帝國州製造業調查（Federal Reserve Bank of New York：Empire State Manufacturing Survey）

B. 費城聯儲銀行：商業前景調查 Federal Reserve Bank of Philadelphia：Business Outlook Survey）

C. 堪薩斯城聯儲銀行：第10區製造業調查 （Federal Reserve Bank of Kansas City：Manufacturing Survey Reserve of the 10th District）

D. 里蒙市聯儲銀行：第5區製造業調查 Federal Reserve Bank of Richmond：Manufacturing Activity for the 5th District）

E. 芝加哥聯儲銀行：全國活動指數（Federal Reserve Bank of Chicago：National Activity Index，簡稱CFNAI）

發放頻率：A～E每月

發放時間：

    A. 相關月份完結後第一個月15號左右，美國東岸時間早上8：30

    B. 相關月份完結後第三個星期四，美國東岸時間中午12：00

    C. 相關月份完結後約二週，美國東岸時間早上11：00

    D. 相關月份完結後的第四個星期二，美國東岸時間早上10：00

    E. 相關月份完結後第四或第五個星期，美國東岸時間早上10：00

發放機構網址：

    A：www. ny. frb. org

    B：www. phil. frb. org

    C：www. kc. frb. org

    D：www. rich. frb. org

    E：www. chicago. frb. org

新聞稿：

A：www. ny. frb. org/research/regional_economy/
empiresurvey_overview. html

B：www. phil. frb. org/econ/bos/index. html

C：www. kc. frb. org/mfgsurv/mfgmain. html

D：www. rich. frb. org/research/regional_conditions/
manufacturing_conditions/activity. cfm

E：www. chicago. frb. org/economic_research_and_data/
cfnai. cfm

覆蓋地區：

A：紐約州（The State of New York）

B：賓夕凡尼亞州東部（Eastern Pennsylvania）、新澤
西州南部（Southern New Jersey）及特拉華州（The
State of Delaware）

C：科羅拉多州（Colorado）、堪薩斯州（Kansas）、
內部斯加州（Nebraska）、奧克拉荷馬州
（Oklahoma）、懷俄明州（Wyoming）、密蘇里西
部（Western Missouri）及新墨西哥州北部（Northern
New Mexico）。

D：哥倫比亞特區（District of Columbia）、馬利蘭州
（Maryland）、北卡羅拉娜州（North Carolina）、

南卡羅娜州（South Carolina）即維珍妮亞州
（Virginia）。

E：全國

調查範圍及方法：

　A：調查紐約州製造業現況及企業行政人員對未來六個
　　　月的看法，是紐約州聯儲銀行向175名於製造業企
　　　業任職CEO或總裁收集的意見。

　B：調查區內的製造業現況及製造商高級行政人員對未
　　　來六個月的期望，每月以郵寄方式訪問250家大型
　　　製造商高級行政人員。

　C：調查區內的製造業現況及製造商高級行政人員對未
　　　來六個月的看法，每月按地區區域及行業種類向約
　　　150家製造商抽取樣本。

　D：調查區內的製造業現況及製造商對未來六個月的期
　　　望，向區內約200家製造商的工廠經理、採購經理
　　　及財務總監抽取樣本。

　E：調查全國的經濟活動，每月根據全國85個經濟指
　　　標，按i）生產及收入、ii）勞工市場及實際工時、
　　　iii）私人消費及住屋情況、及iv）銷售額、庫存量及
　　　訂單情況等四個大項目分成不同指數及綜合指數，
　　　CFNAI。

受重視原因：

A：與費城聯儲銀行調查有較大相同度，而費城聯儲銀行調查又與重要的供應管理協會（ISM）的調查有高度性相同，市場認為全國聯儲局在制定金融政策時，會以此調查做預警報告。

B：歷史最悠久的地區聯儲銀行調查，自1968年開始定期發放；所調查的地區是美國人口最多的地區之一，按過往紀錄，與供應管理協會（ISM）的調查有高相同度；相關月份的數據就在當月公佈，時效性極高。

C：公佈日期與所調查月份相對地短，往往在其他大部份經濟指標未發放前公佈；與其他主要的經濟指標有較高相同度。

D：與供應管理協會（ISM）製造業調查的歷史相同度達70%左右，調查範圍包括對政治極敏感的區域。

E：調查包含大量經濟指標，使它（較其他）更具代表性；調查成立的目的是為金融政策決策人訂立參考指標，所以調查格式與政策決策人的要求相差不遠。

1.6 就業情況報告
（Employment Situation）

國　　家：美國

發放機構：勞工部 （Bureau of Labor Statistics ， Department of Labor）

發放頻率：每月

發放時間：美國東岸時間早上8：30，通常是每月的第一個星期五

發放機構網址：http：//stats. bls. gov/

新 聞 稿 ：http：//stats. bls. gov/news. release/empsit. toc. htm

　　就業情況報告被公認為是股市及債市中最具影響力的經濟指標。它是反映美國經濟的一個重要寒暑表，主要是反映美國每月份的就業數據，其中包括就業人數、失業人數及工資等。在美國所有十六歲以上的自然人均被界定為就業人口，故這報告僅反映此群組人士的就業情況。

　　這項報告是由兩部份組成：首部份是美國勞工部每月訪問60,000個家庭所得的，據統計每日約有957個受訪家庭回覆有

關調查。在統計學上來說這是一個頗高的回覆率，這項統計稱為Household Survey；另一部份是Establishment （或稱Payroll）Survey，就是勞工部對簽約的400,000家公、私營機構進行調查，估計這等機構合共僱用了美國約45％的非農業就業人數，即約4,000萬勞動人口。一般來說，回覆率是60％至70％，受訪者能第一時間回覆佔整體回覆率約80％。

使就業情況報告受市場人士特別關注可歸因為：

1. 此報告在每月底結束後約一星期便公佈，數據緊貼市場實況。
2. 由於此項調查的回覆率頗高，在統計學上來說可信程度甚高。
3. 調查所針對的就業數據對預測整體經濟情況有特別大的關係。

1.7 每週新申領失業救濟金人數
（Weekly Claims for Unemployment Insurance）

國　　家：美國

發放機構：勞工部（Employment and Training Administration, Department of Labor）

發放頻率：每週

發放時間：每週四美國東岸時間早上8：30

發放機構網址：http：//ww. ows. doleta. gov

新 聞 稿 ：http：//www. ows. doleta. gov/unemploy/claims_arch

　　本數據每週按實際申領情況來公佈，故可免去因抽取樣本引發的技術問題。近年來已有愈來愈多的經濟學家利用這個數據去推算整體經濟情況，它亦是計算另一個重要指標－領先經濟指數（Leading Economic Indicator） 的組成部份。

　　美國各州包括華盛頓特區在內都必須根據聯邦法例設立失業保險制度，至於實際分別，各州略有所差異，但大部份州份都容許剛失業的僱員申領最多26星期的失業保險金（Unemployment

Insurance）。在特別時期，失業人士更可多領取額外13個星期的失業保險金。

本數據的收集方法是各州先集齊它們的新申領失業保險金的個案，在每週六將數據交予位於華盛頓特區的勞工部，經勞工部集齊整理再於隨後的週四公佈。

每週新申領失業保險金人數是一個重要的數據，因為：

1. 數據是按實際情況每週公佈，跟市場實際情況非常吻合。
2. 新申領人數反映市場大小型企業的倒閉及裁員實況。
3. 這項數據是領先經濟指標的一個現成部份。

1.8 每週連鎖店銷售總額
（Weekly Chain-Store Sales）

國　　家：美國

發放機構：

　　A：私人機構International Council of Shopping Centers （ICSC）／UBS

　　B：私人機構Redbook Research

發放頻率：A及B每週

發放時間：

　　A：相關星期完結後星期一，美國東岸時間早上7：45

　　B：相關星期完結後星期二，美國東岸時間早上8：40； 另外月報在每個月的第一個星期四。

發放機構網址：

　　A：www. chainstoreage. com

　　B：www. redbookresearch. com

新 聞 稿 ：

　　www. chainstoreage. com/csa/industrydata/pdfs/ weeklysales. pdf

　　美國政府官方的「零售銷售」（Retail　Sales）無疑是當地最具權威及最有影響力的銷售指標，但它是每月發佈的；部份機構認為這個發放頻率不足以反映市場最新動向，故此有私人機構進行不同的調查，其中ICSC及UBS與Redbook　Research的每週報告變得更受市場重視，除了因發放頻率較官方的次數更頻繁外，這兩份私人機構的調查亦與官方的報告有著明顯的不同。官方商務部的報告涵蓋大小不一的零售商，但這兩份調查的對象只包括大型連鎖店，其中包括Macy's、Sears、Wal-mart及Target等等。據估計美國各大連鎖性零售商只佔家庭總開支約10%，這較官方的涵蓋範圍相對地少，但優點是發放頻率高。

　　ICSC／UBS及Redbook　Research的每週報告內容大同小異。最大分別是調查樣本不同。粗略來說，前者抽取的樣本較多，約80家連鎖零售商；而後者則著重於具規模的零售商。

　　這兩份調查報告均具有權威性，因為：
　　1. 他們的發放頻率較官方的次數為高。
　　2. 幾乎涵蓋所有具代表性的連鎖零售商。
　　3. 調查所針對的就業數據，對預測整體經濟情況有特別大的關係。

1.9 招聘廣告指數
（Help-Wanted Advertising Index）

國　　家：美國

發放機構：美國經濟諮商會（The Conference Board）

發放頻率：每月

發放時間：每月最後一個星期四，美國東岸時間早上10：00

發放機構網址：www. conferenceboard. org

新 聞 稿 ：www. conferenceboard. org/economics/helpwanted.
　　　　　　cfm

簡單來說，這是單純計算刊登於報章的招聘廣告數目作指
標。驟看之下，這個指數毫不起眼，但它自美國杜魯門政府以
來，50年來均受美國商界重視，因為招聘廣告反映各企業的發展
意願。在經濟復甦前，我們會先看到企業們更加願意招聘人手。
反之，當生意前景欠佳時，企業的招聘意願會馬上減少。

本數據由一家位於紐約的研究機構所公佈，其按51家主要報
章每月刊登的招聘廣告總數來計算，無論是全職、兼職、高級或
低級職位均一視同仁；並按地域把指數劃分成九個地區，如太平

洋區、西北區等等。指數以1987年為基數100,這指數在歷史上一直徘徊在30至100之間。

　招聘廣告指數頗受商界的普遍使用乃因為:

1. 它量度到企業的實際招聘意願。

2. 招聘廣告數目可作為預測「就業情況報告」的數據工具。由於「就業情況報告」對市場有肯定性的作用,能預測這數字令本指數變得非常重要。據估計「招聘廣告指數」領先「就業情況數據」約兩個月時間。

股票投資智典

分析師及基金經理抽屜裡的私房書

1.10 零售銷售
（Retail Sales）

國　　家：美國

發放機構：商務部

（Bureau of Census, Department of Commerce）

發放頻率：每月

發放時間：相關月份完結後兩星期，美國東岸時間早上8：30

發放機構網址：www. census. gov

新 聞 稿 ：www. census. gov/retail/

　　這是一項對市場有較大影響力的報告。據估計美國整體的內部消費約佔全國經濟活動70％，而零售銷售卻佔整體消費約三分之一，可見零售銷售的重要性。雖然有學者認為由於用於業務相關的消費達全國整體銷售的三分之二，故這項數據的重要性不應太高，但無論是債券市場或證券市場在事實上及傳統上，都對這項數據有較大的反應。

　　這項由商務部進行的調查是由相關單位按月隨機向5,000家大小不一的零售商發問卷調查。接受調查的零售商會在相關月份

結束後三天收到問卷，並被要求在一星期內回覆。但實際上每月只有不到50％的零售商戶會準時回覆。初步結果會在相關月份結束後兩星期公佈。其後，再有8,000家零售商獲邀參加調查，使總參與商戶達至13,000家。一般整體回覆率是70-75％。最後結果會在相關月份結束後四個星期公佈。首先公佈的，我們稱為「初步報告」（Preliminary Version），其後公佈的為「最後報告」（Final Report）。

零售銷售是一項重要的經濟指數。市場一般會對「初步報告」產生即時反應。這項數據被認為是重要乃因為：
1. 零售銷售佔全國消費約三分之一。
2. 全國消費約佔全國整體經濟活動的70％。

美國商務部亦按網上零售金額發佈「網上零售銷售」（E-Commerce Retail Store）數據（新聞稿是由www.census.gov/retail/發放），但畢竟目前透過網上零售銷售仍遠遠不及傳統零售，加上有關數據會在相關月份完結後七個星期才發佈，所以影響較低。

1.11 私人收入與消費
（Personal Income and Spending）

國　　家：美國

發放機構：商務部（Bureau of Economic Analysis, Department of Commerce）

發放頻率：每月

發放時間：相關月份完結後第四個星期，美國東岸時間早上 8：30

發放機構網址：www. bea. gov

新 聞 稿 ：www. bea. gov/newsreleases/release_archieve.htm

這項重要的經濟數據主要是記錄美國人每日的總收入及消費情況。在私人收入方面，所記錄的是「可供開銷的私人收入」（Disposable Personal Income），包括：

1.	工資及薪金（Wages and Salaries）	約佔總體56%。
2.	自僱人士收入（Proprietors' Income）	約佔總體8%。
3.	租金收入（Rental Income）	約佔總體0. 5%。
4.	股息收入（Dividend Income）	約佔總體4. 5%。

5.	利息收入（Interest Income）	約佔總體9％。
6.	轉移支付＊（Transfer Payment）	約佔總體12.5％。
7.	其他收入（Other Labor Income）	約佔總體9.5％。

（＊轉移支付是指政府支付的款項，如失業救濟金等。）

在「私人消費」（Personal Spending）方面，過去被稱為「私人消費開支」（Personal Consumption Expenditure），它記錄美國人用於消費開支的情況。一般來說，以下是各項列為消費項目計算的分佈情況：

1.	耐用品（Durable Goods）	約佔總體12-14％
2.	非耐用品（Non-durable Goods）	約佔總體30％
3.	服務消費（Service）	約佔總體60％。

此外，「私人收入與消費」這項數據還包含「私人儲蓄」（Personal Savings），就是說個人在賺取收入後，有多少是用於儲蓄。一般來說，經濟狀況好的時候，儲蓄會減少，反之，經濟環境差的時候，儲蓄比率反而會較高。

這份報告中的所有項目都會影響市場氣氛，其中一項「私人消費開支價格指數」（Price Index for Personal Consumption

Expenditures，簡稱PCE Price Index）較惹人注目，它反映的是消費者所面對的通貨膨脹壓力，這可能是因為人們認為「消費物價指數」（Consumption Price Index，簡稱CPI）相對較為滯後有關。一般來說，CPI較受商業界及投資界所採用，因為他們看重的是整體經濟價格增長。但政府、經濟學家及政策制定者會較多著眼於普羅式民間所面對的通貨膨脹壓力。

「私人收入與消費」報告的重要性在於：
1. 官方統計數字反映普羅市民的收入、消費及儲蓄趨勢。
2. 亦反映市民對經濟前景的信心及消費者所面對的通貨膨脹壓力。

1.12 ADP全國就業報告
（ADP National Employment Report）

國　　家：美國

發放機構：Automatic Data Processing, Inc（ADP）及
　　　　　Macroeconomic Advisers, LLC等私人機構

發放頻率：每月

發放時間：早於勞工部發佈「就業情況報告」（Employment
　　　　　Situation Report）的前兩天（即每個月最後的星
　　　　　期三，美國東岸時間早上8：15

發放機構網址：www. adpemploymentreport. com

新 聞 稿 ：www. adpemploymentreport. com/report_analysis_
　　　　　archive.aspx

　　前面曾提及美國勞工部每月出版的「就業情況報告」對市場
有著非常重大的影響，故如果可以在它的發佈前得知有關內容，
對判斷短期市場走勢將具有明顯的幫助。私人機構Automatic Data
Processing, Inc及Macroeconomic Advisers, LLC從2006年5月份開始，
便提早在勞工部公佈「就業情況報告」前兩天發佈這項指標。

　　跟勞工部有所不同，這項調查的樣本只有350,000家私人非農業企業，它們僱用約2,000萬勞動人口；勞工部的是400,000家企業，僱員約為5,000萬人。但按公佈的內容來看，兩者都同時涵蓋了就業人數及薪金水平。雖然有市場人士質疑這報告中的工資水平的準確性，但整體來說這項報告還是對勞工部的公佈起著一定的良好預測能力。

　　雖然ADP全國就業報告發佈的歷史不及其他指標長遠，但基於下列各種原因，它的重要性正在增長中：

　　1. 這報告是由兩家具公信力及名氣的企業所發表。

　　2. 發佈日期就在勞工部前兩天，極具預測性。

　　3. 按過往紀錄，其對勞工部數字所作的預測有一定的準確性。

1.13 大規模裁員統計
（Mass Layoff Statistics，簡稱MLS）

　國　　家：美國

　發放機構：勞工部（Bureau of Labor Statistics, Department
　　　　　　 of Labor）

　發放頻率：每月

　發放時間：每月月底後第四個星期，美國東岸時間早上10：00

　發放機構網址：www. bls. gov

　新 聞 稿 ： www. bls. gov/mls

　　在美國要追尋企業裁員動向的方法有兩個，一個是透過私人企業Challenger, Gray&Christmas（www. challengergray. com）所發佈的「企業裁員公告」（Corporate Layoff Announcements），另一個是參考勞工部的大規模裁員統計（簡稱MLS）。前者只記錄及追蹤所有裁員的公告，但沒有說明實質被裁員工的數目；後者則揭示實際裁員「宗數」（Events）及人數。所謂「宗數」是指一家企業在同一個地點（Location）在五星期內裁去50名或以上的員工。在每月發放的MLS報告中，它會按地區及行業詳細列出受裁員影響的就業人口數目。同時，勞工部亦會按季度發佈「延伸

大規模裁員」（Extended Mass Layoffs）數字，其中「延伸」指的是在裁員後31天仍未找到工作的就業人口。

　　大規模裁員統計基於下列原因被視為有用的資訊：

　　　1. 統計數字按地區及行業劃分，故對個別行業及地區經濟
　　　　 的考察有較大幫助。

　　　2. 由於這是按月公佈的官方數字，可信性較高。

1.14 消費者物價指數
（Consumer Price Index，簡稱CPI）

國　　家：美國

發放機構：勞工部　（Bureau of Labor Statistics,　Department of Labor）

發放頻率：每月

發放時間：相關月份完結後約二個至三個星期，美國東岸時間早上8：30

發放機構網址：www. stats. bls. gov

新 聞 稿 ：www. stats. bls. gov/cpi/

　　CPI是一個重要的數據用來量度通貨膨脹的幅度，CPI增幅愈高，代表通貨膨脹壓力愈大。美國聯邦儲備局的息口政策的其中一個主要功能就是控制通貨膨脹上升。若是CPI不停高漲，可以意味著聯邦儲備局可能會將聯邦儲蓄利率調升，以吸引市場資金及遏止通貨膨脹。勞工部制定CPI的數值是按各個不同部門的比重來計算的：

組別	比重*	組別	比重*
房屋開支	41.5%	醫療開支	6.6%
實際住房	30.2%	服裝開支	3.6%
食品支出	14.8%	娛樂開支	6.3%
交通開支	17.3%	教育及通訊	6.4%

*隨不同時段而改變

　　以上的比重只適用作參考，因為勞工部每兩年會按市場實際情況改變比重，但我們還是可以看到房屋開支依然是一個最重要的因素。CPI的制定是勞工部於每月第三個星期向大約23,000家零售商或其他商戶（分佈於87個地區）收集問卷，調查的貨品及服務費約80,000個項目。CPI在公佈時又會細分為：

　　1. CPI－W是針對那些領取工資的工人及文職工作者，佔勞動人口數約32%；

　　2. CPI－U是針對所有在市區（Urban）工作的工人。除CPI－W所涵蓋的人群，此群人亦包括專業人士及自僱人士等，約佔整個消費者群約87%。

　　CPI是一個重要參考的數據，原因包括：

　　1. 這數據有效地量度全國及各區的通貨膨脹情況。

　　2. 它可以預告聯邦儲備局的未來息口政策。

　　3. 市場（特別是債券及股票市場）對這數據都較為敏感。

1.15 消費者信心指數
（Consumer Confidence Index）

國　　家：美國

發放機構：

　A. 消費者信心指數（Consumer Confidence Index）The Confidence Board

　B. 消費者情緒調查（Survey of Consumer Sentiment）路透社（Reuters）及密西根大學（University of Michigan）

　C. ABC新聞／華盛頓報消費者信心指數（ABC／Washington Post Consumer Comfort Index）

發放頻率：A. 每月　B. 每兩週　C. 每週

發放時間：

　A：相關月份的最後一個星期二，美國東岸時間早上10：00

　B：初步結果在每月第二個星期五、最後結果在同月最後一個星期五，美國東岸時間早上9：45

　C：逢星期二，美國東岸時間下午5：00

　　A：http：//www. conference-board. org

　　B：http：//www. sca. isr. umich. edu/main. php

　　C：http：//abcnews. go. com

新 聞 稿 ：

　　A：http：//www. conference-board. org/economics/
　　consumerConfidence. cfm

　　B：http：//www. sca. isr. umich. edu/press-release. php

　　C：http：//abcnews. go. com/US／PollVault

　　這三項數據都是量度美國消費者對經濟的信心，經濟學家
及投資者會根據這些數據對市場未來走勢作出判斷，故三者都
具有影響力。但以重要性來看，路透社及密西根大學的指數較
佔優勢，因為它們有部份的數據是「領先經濟指標」（Leading
Economic Indicators）的一部份。

　　論規模，美國經濟諮商會（The Conference Board）的調查規
模最大，它每月向全國約5,000個家庭作出調查，一般來說只有約
2,500戶會依時回覆。在一個月後，它會將多接回的回覆（前後合
共約1,000份）再作合併數字修訂。路透社或密西根大學的調查涵
蓋約500個成年人，其中60％是新的受訪對象，而剩餘的40％是第
二次受訪。ABC新聞／華盛頓報則於每週三至週五用電話訪問250

個新對象，然後將結果加上前三週所累積的750個回覆，於是總數便達1,000個樣本，每週的結果都反映出前四週的綜合結果。

　　論結構，三項調查均略有不同。美國經濟諮商會（The Conference Board）的調查中，指數分成「現時情況指數」（Present Situations Index）及「期望指數」（Expectation Index）。前者反映消費者對目前經濟情況的信心，而後者則考核他們對6個月後的信心。在綜合指數中，「現時情況指數」佔40%的比重而「期望指數」則佔60%的比重。路透社或密西根大學的指數亦分為「現時經濟情況指數」（Index of Current Economic Conditions）及「消費者期望指數」（Index of Consumer Expectations）。前者反映消費者對目前經濟情況的看法，而後者則著重考慮未來1至5年的前景。由於路透社或密西根大學的調查內含約50條問題，較其他兩項調查廣泛，因此較受重視。而ABC新聞或華盛頓郵報的調查較為簡單，由於是採用電話進行，所以只訪問三個廣泛的問題：對全國經濟的看法．對個人本身財政的看法及目前是否有消費的意願。

　　市場人士對這三項指標一般是採取參考的態度，因為它們都只不過是調查數據，不是實質的數據，但基於下列原因，它們依然是具一定參考價值：
　　1. 它們都具有前瞻性，故對未來消費數據有預測效用。
　　2. 信心指數直接影響市場對零售股及銀行股的看法。

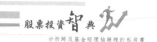

1.16 消費者信貸結餘
(Consumer Credit Outstanding)

國　　家：美國

發放機構：聯邦儲備局　（Federal Reserve Board）

發放頻率：每月

發放時間：相關月份完結後約5至6星期，美國東岸時間下午
　　　　　3：00

發放機構網址：www. federalreserve. gov

新　聞　稿　：www. federalreserve. gov/releases/g19

　　消費者在美國購物時採無抵押分期付款及信用卡購物是非常普遍的，這項數據就是追蹤使用這種信貸方式購買貨品的走勢。簡單來說，當消費者感覺未來收入依然穩定，甚至有可能增加的話，他們較為願意以信貸方式購物；反之，假如消費者對收入前景不樂觀，則大多會直接用現金或索性減少購買。

　　這項數據主要包含三類消費者信貸：

　　1. 循環貸款（Revolving Loans）

　　2. 固定分期貸款（Non-revolving Loans）

　　3. 信用卡貸款（Credit Card Loans）

　　據統計，前二者佔所有消費者貸款的大部份，而信用卡貸款則佔餘下的約40％。部份經濟學家認為這個數據的重要性遠較其他類似的數據為低，因為它僅代表整體經濟活動的一少部份，而且發佈時間較其他類似的數據為慢，但由於以下兩點使本數據仍保持一定的參考價值：

1. 此數據在下午接近華爾街股市收市時間發佈，部份操盤交易員會藉此數據炒作股價。

2. 這數據在個別層面上確能反映消費者對未來經濟前景的信心。

1.17 芝加哥商業測溫表
（Chicago Business Barometer）

國　　家：美國

發放機構：Institute For Supply Management – Chicago

發放頻率：每月

發放時間：相關月份結束前最後一個工作日，美國東岸時間
　　　　　早上10：00

發放機構網址：www. ism-chicago. org/

　　芝加哥商業測溫表（又稱Chicago Purchasing Managers Index）是由供應管理協會芝加哥分會（ISM-Chicago）所發佈，主要是量度美國中西部地區的經濟活動情況，調查方式與供應管理協會的PMI相若。據統計這數據事實上與PMI有約60％的相同走勢。芝加哥分會只是供應管理協會十個地區會員之一，而各分會亦會發佈他們各自地區的採購經理指數，但芝加哥的數據有較大的影響力，原因有兩個：首先是這項數據比協會的PMI正好早一天公佈，先提供給市場一個訊息；其次是美國傳統工業的大部

份商戶都是設於中西部地區，工業城市如底特律、芝加哥便存有不少大型開發創造商。

　　芝加哥分會每月會向伊利諾州（Illinois）、印第安納州（Indiana）及密西根州（Michigan）約200間機構性採購經理進行調查。這數目差不多佔全國供應管理協會調查對象的一半。問卷內容著重於新訂單（約佔比重35％）、產量情況（約佔比重25％）、未完成的訂單（約佔比重15％）、供應商表現（約佔比重15％）及僱用情況（約佔比重10％）。

　　芝加哥商業測溫表的解讀方法一般是以50為基準水平，50以上代表商業活動仍在增長中，以下則代表有機會進入收縮狀態。

　　芝加哥商業測溫表受市場關注主要是基於下列原因：
　1. 較全國PMI早一個工作天公佈。
　2. 美國全國大部份工業製造商都集中在中西部地區。
　3. 與PMI走勢大致相同。

1.18 供應管理協會製造業指數
（Institute for Supply Management—Manufacturing Survey）

國　　家：美國

發放機構：供應管理協會（Institute For Supply Management, 簡稱ISM）

發放頻率：每月

發放時間：相關月份完結後第一個工作天，美國東岸時間早上10：00

發放機構網址：www. ism. ws

新 聞 搞 ：www. ism. ws/ISMReport/index. cfm

供應管理協會每月發佈兩個市場有較大影響力的報告，供應管理協會製造業指數便是其中一個。由於它在相關月份結束後第一個工作天即發表，故此極具指標性作用。

供應管理協會前稱National Association of Purchasing Management（全國採購管理協會），位於亞里桑那州，其重要性在於它代表著全國的機構性採購經理，故很有權威性。本協

會的採購經理主要是從事生產有關的採購業務，例如協助工廠訂購原材料或半製成品。這項數據就是統計這部份採購經理的經濟活動。供應管理協會每月會與約400家會員企業會面，代表著約20個行業進行調查。主要是查詢十項經濟活動的漲跌情況，包括新接訂單（New Orders）、產量（Production）、僱用情況（Employment）、供應商表現（Supplier Deliveries）、庫存（Inventories）、客戶庫存（Customers' Inventories）、產品價格（Commodity Prices）、未完成訂單（Backlog of Orders）、新出口（New Export）及進口（Imports）的訂單。在這份報告內「採購經理指數」（Purchasing Managers index）簡稱PMI，就是綜合上述各分類所佔的比重形成的指數，其中以新訂單（30％）、產能（25％）、僱用情況（20％）、供應商表現（15％）及庫存（10％）等佔的比重較高。研究認為PMI在50水平時，美國的BOP將會上升約2.5％，所以部份學者對PMI有以下的解讀：「PMI在50或以上表示製造業及全國經濟尚好，但跌至43以下則表示可能進入衰退。」

　　供應管理協會的製造業調查可以說是極具參考價值的，因為：

　　1. 它是每月份最先公佈的指標性數字。

　　2. 發放機構具公信力及代表性。

　　3. 過去驗證證明PMI跟美國GDP有著正相關。

　　雖然供應管理協會另外亦會在相關月份結束後第三個工作天發佈非製造業商業調查（ISM Non-manufacturing Business Survey）報告，但自1998年發佈以來，市場仍未將其列為最重要的指標。

1.19 工業生產產值與產能使用率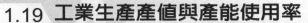
（Industrial Production and Capacity Utilization）

國　　家：美國

發放機構：聯邦儲備局（Federal Reserve Board）

發放頻率：每月

發放時間：相關月份結束後的下月15日左右，美國東岸時間
　　　　　早上9：15

發放機構網址：www. federalreserve. gov

新 聞 稿 ：www. federalseserve. gov／releases／g17／current/
　　　　　default.htm

　　「工業生產總值報告」與「產能使用率報告」是聯邦儲備局
同時發放的報告，所以可以看作同一份報告。工業生產總值涵蓋
美國在同一時期所生產的工業製品及所有礦務產品（無論該等貨
品是在美國本地使用或作為出口）。產能使用率是比較美國在同
一時期實際生產的製品與其最高工業產能。假如比率高代表經濟
情況甚佳，但若比率低，即表示產能過剩，經濟環境欠佳。

　　工業生產值調查是聯邦儲備局每月由300種零部件生產情況來編制。這300種零部件會按其重要性作加權（Weighted）平均計算，通常約70%受訪的企業會準時回覆，所以這初步報告相對地可信，在發佈方面，工業生產總值是按「市場」（Market）及「行業」（Industry）來劃分。

　　產能使用率是聯儲局每月向85個行業，其中包括67個製造行業、16個礦務行業及2個公用事務行業進行抽樣調查而成。

　　這兩項調查數據在判定經濟形勢有較大作用，很多投資者及經濟學家都樂意參考這兩項數據，有人更指出這兩份報告是聯儲局最廣為投資界所採用的，原因大概有兩點：

　　1. 投資者可以憑各行業或市場表現而決定購入哪個行業、哪家企業的股份。

　　2. 這等數據傳統上對經濟或商業循環有相對地準確的預測。

1.20 商業庫存
（Business Inventories，前稱Manufacturing and Trade Inventories and Sales）

國　　家：美國

發放機構：商務部

（Census Bureau, Department of Commerce）

發放頻率：每月

發放時間：相關月份結束後六星期，美國東岸時間早上10：00

發放機構網址：www. census. gov

新 聞 稿 ：www. census. gov/mtis/

商業庫存貨數據覆蓋「商業銷售總值」（Total Business Sales）、「商業存貨」（Business Inventories）及「銷售比率」（Inventory-Sales Rate，簡稱I／S ratio）。

商業銷售總值是指全國所有零售商、批發商及製造商的銷售總額，在時間性來看，零售商銷售數據在這數據公佈前四週公佈（即零售銷售Retail Sales）；而製造商銷售又在此數據公佈前二

週發佈；至於批發商的銷售數字，更在這項數據前一週發表。所以這數據可以說綜合前三項數據的整體數字。

商業庫存顧名思義是指零售商、批發商及製造商在應付日常業務時所產生的存貨。很多投資者會小覷這個數字，但經驗所及這是一個非常有效地預測經濟波動的數據，假如庫存持續增加，之後而來的其他數據將會呈現下降情況。

庫存－銷售比率是指商業機構會儲備多少存貨以應付銷售的需要，一般認為此比率愈高是表示市場銷售較商戶的預期為低，反之，比率愈低，則表示市場銷售高出商戶原先的估計。但這並不是一定的，市場通常用1.5個月為基準去判斷這比例，即庫存約為一個月銷售的1.5倍。但某些行業如汽車業等，庫存達2.0個月的也不足為奇。

正由於商業庫存數據是綜合其他數據而來，故對市場的衝擊

並不像其他數據那麼直接，但由於以下兩項原因令它仍具有一定
的參考價值：

　　1. 這項數據能全面展示全國所有商業機構的銷售及庫存情
　　　況，並不單獨針對一個部份。

　　2. 庫存—銷售比率是一個相當值得信賴的測市系統，能成
　　　功地預測工廠訂單以至消費情況。

1.21 工廠訂單
（Factory Orders，前稱Manufactures, Shipments, Inventories and Orders）

國　　家：美國

發放機構：商務部

　　　　　（Census Bureau, Department of Commerce）

發放頻率：每月

發放時間：相關月份完結後四至五星期，美國東岸時間早上

　　　　　10：00

發放機構網址：www. census. gov

新 聞 稿 ：www. census. gov/manufacturing/m3/

　　工廠訂單數據包括全美國在一個月份內所有耐用品（Durable Goods）及非耐用品（Nondurable Goods）訂單的數據，耐用品是指使用期不少於三年的產品，如汽車及機械；非耐用品是指一般消費品，如食品及衣服。一般而言，耐用品訂單佔全國訂單約53％。

這項調查的數據來自89個行業約4,200家製造商。雖然調查沒有界定受訪製造商的規模,但很多受訪的企業都有超過每年5億美元的銷售額。但通常在數據公佈時,只有約60%的回覆率。收集的數據包括:

1. 新訂單(New Orders)
2. 付運情況(Shipments)
3. 未完成訂單(Unfilled Orders)
4. 存貨(Inventories)

與耐用品訂單數據相若,工廠訂單數據都會作出季節性的調整(Seasonally Adjusted),但就沒有按通貨膨脹來修訂。

從時間角度來說,工廠訂單數據在耐用品訂單數據公佈後一星期發佈,而耐用品訂單總值又通常超過全部工廠訂單總值的50%以上,故工廠訂單數據對市場的衝擊比耐用品訂單數據為少,但依然具有一定的參考價值,因為:

1. 這數據對判斷全國整體(包括商業客戶及個人/家庭客戶)經濟活動有幫助,因為可以知道工廠工人工資趨勢及批發商/零售商對消費市場的預測。
2. 這是一個全面性的報告,具一定公信力。

1.22 耐用品訂單

（Durable Goods Orders，又稱The Advance Report on Durable Goods Manufacturers' Shipments, Inventories, and Orders）

國　　家：美國

發放機構：商務部

　　　　　（Census Bureau, Department of Commerce）

發放頻率：每月

發放時間：相關月份完結後三至四星期，美國東岸時間早上
　　　　　8：30

發放機構網址：www. census. gov

新 聞 稿 ：www. census. gov/manufacturing/m3/adv/pdf/durgd. pdf

　　耐用品（亦稱耐久財）是指產品的可用期（Life Expectancy）長於三年，如汽車等。與非耐用品不同，購買耐用品的顧客多為商業客戶，而購買非耐用品的客戶多為個人及家庭客戶，故此這數據對觀察商業客戶的消費行為有重大意義。在讀取這類數據

時，一個重要的課題就是需要減去「國防用的耐用品」。美國每年花在國防方面消費較其他國家大，而「國防用的耐用品」數據是包含在耐用品數據內，為了避免對這數據作出錯誤的判斷，我們需要刪除這個數字。

耐用品訂單調查數據是商務部每月向89個不同行業約4,200家製造商及國防部收集的。調查沒有指定製造商的規模大小。收集的數據包括：

1. 新訂單（New Orders）
2. 付運情況（Shipments）
3. 未完成訂單（Unfilled Orders）
4. 存貨（Inventories）

有兩點是值得注意的，首先是數字會隨季節調整（Seasonally Adjusted），其次是數值並沒有按通貨膨脹而進行調整。

耐用品訂單對市場影響頗大，原因有以下各項：

1. 「耐用品訂單」數字在「工廠訂單」（Factory Orders）發放前一週發佈，故能給予市場一個先機提示。
2. 這官方數字是從較大的樣本收集得來的，故市場較少質疑它的準確性。

1.23 UBS／蓋洛普投資者樂觀指數
（UBS／Gallup Index of Investor Optimism）

國　　家：美國

發放機構：UBS及蓋洛普組織（Gallup Organization）

發放頻率：每月

發放時間：相關月份的第四個星期一，美國東岸時間早上
8：30

發放機構網址：www. ubs. com

　　個別投資者的投資意願及樂觀程度對市場的影響可能沒有機構性投資者那麼重要，但畢竟都是反映一定數量投資者的看法。這項調查針對擁有10, 000美元可用於投資資產的家庭，有學者認為這個群組約佔美國全體家庭總數的40％，但卻擁有整個美國財富的80％以上。

　　這項調查在每個月首兩週向約800個家庭進行調查，調查內容分別為：

　　1. 對整體經濟展望的推斷。

　　2. 對個別課題的意見調查，如生產市場是否過熱。

　　3. 對金融市場的看法。

　　從普遍程度來看，UBS／蓋洛普投資者樂觀指數並非一項主要指標，大概因為這項調查是在1996年才推出，但依我們所見已有愈來愈多投資者在進行投資時參考這項數據，原因可歸納為下列兩點：

　　1. 市場並沒有太多由具公信力的機構做出的相關類似調查。

　　2. 能反映機構投資者以外的投資者信心，而個別投資者對市場的看法亦會影響他們的消費行為。

1.24 勞工成本指數
（Employment Cost Index，簡稱ECI）

國　　家：美國

發放機構：勞工部 （Bureau of Labor Statistics, Department of Labor）

發放頻率：每季

發放時間：每年一月、四月、七月及十月的最後一個星期四，美國東岸時間早上8：30

發放機構網址：www. stats. bls. gov

新 聞 稿 ：www. stats. bls. gov/news. release/eci. toc. htm

　　據估計勞工部成本（包括薪金、工資、獎金、勞工保險及保障等）約佔總生產成本70％，ECI就是用於追蹤整體勞工成本的走勢，有別於PPI。後者主要是針對生產材料及機械設備等，但ECI則集中於勞工開支。ECI除了可以幫助監看通貨膨脹的情況，亦可以追蹤個別行業是否出現衰退的現象，因為面對經營環境轉差，生產商多會進行減薪或裁員。

　　勞工部在制定ECI時會每季向約8,500家私人企業和800個公營部門（包括學校、醫院及政府部門）進行調查。調查日期包括三月十二日、六月十二日、九月十二日及十二月十二日。調查報告一般會分成兩項：工資及薪金（Wages and Salaries）與優待性成本（Benefit Costs）。前者包括定額的月薪、週薪或時薪，要特別指出的是這項指數全部都是按時薪計算（即使是按固定月薪或週薪，在計算時都會以實際工作時間去算出實際每一小時的工資）；優待性成本則包括有薪假期、加班津貼、社會福利保障、保險，以至醫療補貼。另一特點是調查中有討價地位（Bargaining Status）一項，並將工人分成工會會員及非工會會員，這是其他國家同類問卷調查中較少見到。

　　ECI作為重要的參考指標，因為：

　　1. 它可以同時監察通貨膨脹及個別行業營運情況，甚至個別地區將來的消費走勢。
　　2. 在傳統上，是政策制定者及投資者都會參考的調查數據。

1.25 生產商的物價指數
(Producer Price Index，簡稱PPI)

國　　家：美國

發放機構：勞工部 （Bureau of Labor Statistics,　Department
　　　　　of Labor）

發放頻率：每月

發放時間：相關月份完結後約二個至三個星期，美國東岸
　　　　　時間早上8：30

發放機構網址：www. stats. bls. gov

新 聞 稿 ：www. stats. bls. gov/ppi/

　　通貨膨脹除了會增加消費者的生活成本（Cost of Living）
外，亦會導致生產商的生產成本增加，PPI即適用於量度生產商
所面對的通貨膨脹壓力，與CPI的情況一樣，聯邦儲備局在釐定
息口（出口利息）水平時，亦會考慮生產商所面對的通貨膨脹壓
力，因為很多時候，生產商都會將增加了的成本轉嫁到消費者身
上。

PPI的計算比重分佈是：

組別	比重
已完成消費者產品	75.3%
已完成消費者食品	20.3%
已完成消費者用品	55.0%
資本設備開支	24.7%

（由於比重的分佈會按實際情況而改變，以上的數字僅供參考。）

勞工部在制訂PPI時會在每月月中（包括「13號」那天）的星期內向約30,000家企業抽取關於100,000種貨品的價格樣本。

對投資者來說，PPI是一個重要的參數，因為：

1. 它是消費物價指數（即CPI）的一個預警系統，大多數的生產商都會將增加了的生產成本轉嫁到消費者身上。
2. 聯邦儲備局制定利息政策時會參考PPI。

1.26 建築開支
（Construction Spending）

國　　家：美國

發放機構：商務部

（Census Bureau， Department of Commerce）

發放頻率：每月

發放時間：相關月份完結後第一個月的最後一個工作天，美
國東岸時間早上10：00

發放機構網址：www. census. gov

新 聞 稿 ：www. census. gov/constructionspending

　　大部份有關美國房地產市場的經濟都與住宅市場有關，較少針對商業及其他物業市場進行調查的指標，大概因為住宅房地產市場約佔美國總體GDP的5％，而私人非住宅物業市場只佔2. 4％，而所有政府有關的開支則更是只佔GDP的2％左右，不過整體而言，全國總建築開支約達GDP的9％，可謂不少。

　　這項調查是商務部從有關部門（私人住宅方面）及外判研究企業（非住宅物業市場，主要是商業物業市場）的資料而獲取

的，調查報告以實際建築開支來表達。據過去資料，用於非住宅項目的建築開支與一般用於住宅建築的開支相比較，其對市場變化反應較慢，甚至在建築住宅開支減慢12個月後，非住宅的建築開支才告放緩，主要原因是大部份非住宅物業規模都較住宅物業的發展規模為大。

建築開支是一個值得參考的經濟數據，因為：

1. 它同時涵蓋住宅、非住宅及公營部門的所有建築開支。
2. 用於住宅物業建築的開支較受市場景氣的影響。

1.27 每週房屋房貸申請調查與全國房貸拖欠調查（Weekly Mortgage Applications Survey and the National Delinquency Survey）

國　　家：美國

發放機構：Mortgage Bankers Association（簡稱MBA）

發放頻率：每週／每季

發放時間：相關星期完結後的星期三，美國東岸時間早上
　　　　　7：00

房貸拖欠報告調查則在相關季度完結兩個半月後才發放。

發放機構網址：www. mortgagebankers. org

新 聞 稿 ：www. mortgagebankers. org/newsandmedia

　　房屋貸款有兩部份：一是對新購房屋進行房貸、二是對原有房貸進行增加房貸。有人或許會只將新申請房屋房貸解讀成買家買入新房產而已，但實際上它也代替部份原本已有房貸貸款的業主將原來較高息的房貸轉換成低息的房貸計劃。這樣從高息房貸轉到低息房貸與將原有房貸增加房貸額都可以在市場釋放出更大的市場購買力量。

MBA的調查涵蓋五方面：

1. 市場綜合指數（The Market Composite Index）

   即包括最普遍通行的15年年期、30年年期及浮息（浮動利息）的所有房貸申請。

2. 購買指數（Purchase Index）

   是反映所有僅用於購買住宅房屋的房貸申請。

3. 融資指數（Refinance Index）

   反映所有用於對原來進行融資的新房貸申請。

4. 一般指數（Conventional Index）

   是指扣除所有在政府保證下的房貸計劃的所有一般性房貸及再融資新申請。

5. 政府指數（Government Index）

   所有納入政府保證計劃的房貸申請，它們是Federal Housing Administration（FHA）及Veterans Administration（VA）。

這項調查每次向20至25家房貸銀行抽取樣本，估計此調查涵蓋全美零售住宅房貸市場的40%。

全國房貸拖欠調查按每季度發佈。內容將拖欠每月房貸還款超過30天、60天及90天的個案按百分比列出，房貸銀行一般會在90天進行催收款項行動，並根據調查列出相關數據。

這兩項調查報告在判斷住宅物業市場的情況有參考作用，因為：

1. 其反映住宅市場是否順暢。
2. 由於住宅市場波動與經濟景氣有密切關係，故可間接地推斷整體經濟的好壞。

1.28 新屋銷售量
（New Homes Sales）

國　　家：美國

發放機構：商務部

　　　　　（Department of Commerce, Census Bureau）

發放頻率：相關月份完結後約四星期，美國東岸時間早上
　　　　　10：00

發放機構網址：www. census. gov

新 聞 稿 ：www. census. gov/newhomesales

　　美國新屋銷售市場約佔整體住宅買賣市場的15％，但從這裡獲得的數據卻揭示其對市民消費信心有所幫助。首先是新屋的銷售價格較現成房屋的價格為高，在決定購買新屋時，買家會同時比較新建房屋及現成房屋的估價，假如他們對前景較具信心，他們大概會選擇較多新的新建房屋，反之，則只會購買現成房屋。其次是房地產開發商在決定房屋售價時會考慮到市場本身的經濟氣氛及環境，他們愈樂觀，新建房屋的售價則會較現成房屋售價愈高；相反，如果顯得悲觀，兩者售價的差別就會縮小。

這項由政府編列的調查有別於私人機構，如National Association of Realtors的調查，它按實際的批准登記來進行，並依照當時買賣合約或意向書來計算平均價格。理論上這更能反映當前市場對經濟環境的信心，因為正式成交只會在日後完成。這份調查包括：

1. 新屋銷售量（New Homes Sold）
2. 期末可供銷售新屋數量（New Homes for Sale at End of Period）
3. 全月供應量（Month's Monthly Supply）
4. 中位及平均銷售價格（Median and Average Sales Price）
   調查報告數據按美國全國，東北部、中西部、西部及南部份別排出。

這項調查具一定的影響力，因為：

1. 這是一項官方調查，有較高公信力。
2. 由於新房價格偏高，銷售量反映市場的信心。
3. 可以反映房地產開發商的取價態度。
4. 可以用來預測市場對金融機構房貸貸款的未來需求。

1.29 現成房屋銷售量調查（Existing Home Sales）及購買力指數（Affordability Index）

國　　家：美國

發放機構：National Association of Realtors

發放頻率：每月

發放時間：相關月份完後四至五星期；美國東岸時間早上
　　　　　10：00

發放機構網址：www. realtor. org

新 聞 稿 ：

（1）現成房屋銷售量www. realtor. org/research/research/
　　　ehsdata

（2）已簽約房屋成交數量指數www. realtor. org/
　　　research/research/phsdata

（3）房屋購買能力調查www. realtor. org/research/
　　　research/housinginx

這個由美國National Association of Realtors做的調查有三大部份：

1. **「現成房屋銷售量及成交價格（Existing Home Sales and Sales Price of Existing Homes）」**

   就是按美國四區（東北部、中西部、南部及西部）及全國在有關月份的整體銷售數字及成交價格，業主叫價並沒有在此統計。此外，這數據中有「存貨」（Inventory）數字供參考。

2. **「已簽約房屋成交數量指數（Pending Homes Sales Index）」**

   所謂已簽約房屋成交就是指房屋買賣雙方已經簽署臨時買賣合約或買賣意願書，但未正式成交的住宅單位。一般來說，由臨時買賣合約或意願書簽署後到單位正式成交有一個多月的時間，投資者普遍認為簽署臨時合約或意願書的時間比正式成交還要重要，因為決策時更受到市場氣氛及環境影響。這項數字是以2001年為基數、10的指數來表達。發佈時亦以全國及四地區來分類。

3. **「房屋購買力指數（Housing Affordability Index）」**

   房屋購買力是按個別家庭收入的中位數（Median）、房貸利率、每月本金攤還及利息開支（此數以每月本金

攤還及利息開支不超過家庭總收入中位數的25％來計算）、本金攤還及利息開支與家庭總收入中位數比例（以％為標示）及家庭總收入中位數來計算。

這三項數據由National Association of Realtors（簡稱NAR）發放。NAR是由美國住宅及商業樓宇的960, 000個經紀及代理人所組成。每月NAR從400個「出售網」（Multiple Listing Boards）收集資料。現時全美估計超過900多個「出售網」，換言之，NAR的調查樣本也算不少。

這項由NAR發放的調查在市場有一定的影響力，原因大概有下列幾點：

1. 房地產是美國經濟的一個重要現存部份。
2. 單位買賣數目能有效地反映市場對經濟前景的信心。
3. 透過購買力指數可以間接瞭解售價的高低水平。
4. NAR調查的樣本具一定代表性。

1.30 新屋動工量及建築批准
（Housing Starts and Building Permits）

國　　家：美國

發放機構：商務部

（Census Bureau , Department of Commerce）

發放頻率：每月

發放時間：相關月份完結後約二至三星期，美國東岸時間早
上8：30

發放機構網址：www. census. gov

新 聞 稿 ：www. census. gov/const/www/newresconstindex.
html

　　新屋動工量是一個非常有用的經濟指標，它不單反映房地產
商對未來經濟前景的判斷，而且還會牽動區域經濟的發展，如導
致地區工資上升、及對建築材料的需求增加等等。據一項統計顯
示，每1,000間個別家庭房屋的完成，將創造2, 500個全職職位。

新屋動工數據在美國是由三方面組成：

1. 個別家庭獨立房屋佔總動工量的75％、能容納二至四個家庭入住的「組屋」（Town Houses）佔約5％、及能容納五個家庭入住的住宅佔全部動工量約20％。特別需要注意的是在這分類中，無論這住宅房屋擁有多少個住宅單位，數量始終是以整幢建築物來計算。

2. 建築批准是指建築商在動工前獲得的政府批准，投資者可以依據批出的數量來預測未來新屋的動工量。

3. 新屋動工量是在每月首兩個星期從全美19,000個地區的建築商收集得來的；而建築批准是從各地區有關部門收集得來的。

新屋動工量及建築批准都是以「戶」為單位的，它們基於下面原因成為重要的經濟指標：

1. 它們能夠準確地反映房地產商及建築商對經濟前景的信心程度。

2. 它對美國各地區經濟發展前景的預測有指導性作用。

3. 房地產建築市場對美國的整體經濟貢獻約5％，可算不少。

1.31 財政部國際資金系統（Treasury International Capital System，簡稱TIC System）

國　　家：美國

發放機構：財政部（Department of Treasury）

發放頻率：每月

發放時間：相關月份完結後第一個月的15日左右公佈一個半
　　　　　月前的數據，美國東岸時間早上9：00

發放機構網址：www. treas. gov

新 聞 稿 ：www. treas. gov/press/international/html

　　TIC系統是美國財政部用於監察及記錄資金（或稱資本財）進出美國的情況。資金是指那些用作投資之用的額度，而在這份報告所指的投資泛指公、私營部門的證券、債券、股票等。將所有流入美國用於購買投資產品（包括存款）的資金減去所有用於國外投資產品（包括存款）的資金，就是TIC淨流動（Net TIC Flows）。

　　每月聯邦儲備局會向金融機構（包括銀行、證券企業、經記及資金企業）索取數據，繼而整理及認證，最後交給財政部，並由政府公佈，故此可見，由收集到發放需要一段較長的時間。

　　這項對了解美國金融市場現況及與其他國家的關係非常重要。首先是假如投資者對美國金融市場沒有信心，資金會滲出；反之資金會滲入。其次是我們可以理解美國（特別是美國政府本身）的欠債情況。眾所皆知，美國政府是世界上負債最多的政府之一。TIC報告並沒有列出美國最大的債權是哪個國家，但在財政部的網站裏有進一步的透露。而大致上美國政府與最大債權國的金融及政治關係互動微妙。

　　總體來說TIC報告是具參考價值的，因為：
　　　1. 它反映國際投資者對美國金融市場的信心。
　　　2. 投資者透過這報告亦可估計美元幣值的變化；因為資金的流動，及貿易的順差與逆差會直接影響美元幣值的中期走勢。

1.32 國際收支平衡帳報告
（Summary of International Transaction）

國　　家：美國

發放機構：商務部（Department of Commerce, Bureau of Economic Analysis）

發放頻率：每季

發放時間：相關季度完結後兩個半月，美國東岸時間早上 8：30

發放機構網址：www. bea. gov

新 聞 稿 ：www. bea. gov/newsreleases/international/ transactions/transnewsrelease. htm

　　國際收支平衡帳，又稱Current Account Balance，記錄一切包括對外貿易及投資的數據，是關於美國對外經濟交易的總紀錄，主要分成四部份：

　　1. 貨物貿易帳（Merchandise Trade Account）

　　　　這是包括一切有形（Visible）貨物的入口與出口紀錄。

　　2. 服務貿易帳（Service Trade Account）

　　　　這是指一切無形（Invisible）貿易的記錄，「無形」的

意義就是指服務。出口無形貨品，就是美國企業為他國提供服務，入口無形貨品就是像向其他國家機構購入服務。

3. 收入帳（Income Account）

這帳記錄美國資金在國外投資中所獲取的淨收入及國外投資者在美國投資中所獲取的淨收入。

4. 單邊轉移（Unilateral Transfer）

這帳記錄所有美國單邊向其他國家支付的援助、政府補貼等及外國勞工將工資匯回去外國的款項。

這份報告是一份完整的收支平衡報表，其受市場重視是因為：

1. 它對研究美元幣值長遠走勢有參考價值。
2. 不單記錄貨品貿易帳項，還包含所有美國對外的交易帳。

1.33 貨品及服務的國際貿易數據
(International Trade in Goods and Services)

國　　家：美國

發放機構：商務部（Census Bureau及Bureau of Economic Analysis, Department of Commerce）

發放頻率：每月

發放時間：每月第二個星期公佈兩個月前的數據，美國東岸時間早上8：30

發放機構網址：www. bea. gov

新 聞 稿 ：www. bea. gov/newsreleases/international/trade/tradenewsrelease.htm

　　這項報告記錄美國在一個月內所有包括貨品及服務的出口總值，及所有包括貨品及服務在內的入口總值。比較重要的是兩者的差額。在國際貿易理論上，當入口大於出口（即「逆差」）的情況時，出口國的幣值會下跌，因為它需要在國際市場出售自己的貨幣以購買其他貨幣；反之在順差（即出口大於入口）時，幣值會上升。但美國情況有點不同，因為美元依然是主要的交易貨

幣，即美國進口商不用賣掉美元來買其他貨幣以應付貨款，故此美元幣值的波動不受出入口情況所影響。

這項數據中的出口是以船邊交貨價（Free Alongside Ship，簡稱FAS）來計算，即貨品的價格包括美國廠商從工廠將貨物運到出口港（Port of Exportation），但不包括出口的運費。但是入口則以CIF（即減去關稅成本、保險及運費）來算，即入口貨品價值不包括關稅成本、保險及運費。

在這份報告中，數據分成名義（Nominal）幣值及真實（Real）幣值。前者以當時幣值來公佈，後者則以扣去通貨膨脹的影響來計算。除了出口及入口的整體數字，亦按行業（主要包括石油及汽車）及貿易條件來分列數據，可以說是一份非常詳細的報告。這份報告的參考價值在於：

1. 詳細記錄美國在一個月來的出、入口總數。
2. 有助分析美國與貿易夥伴的關係。

1.34 日本工業生產
（Industrial Production）

國　　家：日本

發放機構：經濟產業省（Trade and Industry, Ministry of Economy，簡稱METI）

發放頻率：每月

發放時間：相關月份完結後一個月的最後一個星期公佈臨時數字，二至三星期後公佈修正數字。當地時間上午8：50

發放機構網址：www. meti. go. jp/english

新 聞 稿 ：www. meti. go. jp/english/statisics/index.html

　　工業製造商的經營情況在日本對整體經濟有很大的影響，原因是出口收益佔國民生產值的一大部份。這項自1953年已經開始的調查報告對9個工業（包括鋼鐵業、非鐵金屬業、機械、重型機械、通訊機構、電子零部件、運輸機構、化工及造紙等）進行評論分析，在每份報告中，每個行業的資料包括：

　　1. 工業產量（Production）

　　2. 發（出）貨量（Shipments）

3. 庫存（Inventory）

4. 庫存率（Inventory Ratio）

上述的第四項相較其他三項數據更重要。庫存率是以庫存額除以發（出）貨量，如果數字高，代表未來的工業產量有機會降低。反之，為滿足出貨需求，製造商可能要增加產量。

此外，報告中亦有對未來一個月的工業生產作評估，這兩個數字對預測日本工業生產價值有較大的參考價值。

簡單來說，工業生產調查對判斷日本經濟景氣有頗大的參考價值，原因是

1. 它是一項有悠久歷史的數據，一向受投資者所重視。

2. 工業生產及出口依然佔日本整體經濟貢獻的較大份額。

3. 這份報告不但對日本工業的現況有所簡介，亦能提供一些有用的數據供九大工業預測未來的生產數量。

1.35 日本短觀調查
（Tankan Survey）

國　　家：日本

發放機構：日本銀行（Bank of Japan）

發放頻率：每季

發放時間：每年四月初、七月初、十月初及十二月中，日
　　　　　本時間早上8：50

發放機構網址：www. boj. or. jp/en/index. htm

新 聞 稿 ：www. boj. or. jp/en/statistics/tk/

短觀調查報告是判斷日本未來經濟走勢的必須文件。其為日
本銀行（即日本中央銀行）每季向大約9,000家企業收集的意見，
觸及的範圍大致分成八大類：

　　1. 商業現況（Business Conditions）

　　2. 供需情況價格（Supply-and-demand Conditions and
　　　 Price）

　　3. 銷售及盈利情況（Current Sales and Profits）

4. 非金融機構的固定投資（Fixed Investment at Non-financial Institutions）

5. 金融機構的固定投資（Fixed Investment at Financial Institutions）

6. 僱員的冗缺情況（Employment）

7. 融資寬鬆情況（Corporate Finance）

8. 金融機構的商業現況（Business Conditions at Financial Institutions）

受訪的企業對各項問題只須按現況及未來看法回答「是」或「否」、「好」或「壞」、及「升」或「降」。當樂觀的答案較多，就代表企業在某範疇是樂觀的；反之，則代表商界極悲觀。

短觀調查涉及的9,000家企業中，一般大型企業佔24％、中型企業佔27％，而小型企業則佔49％左右；在行業分類方面，短觀調查只將回覆企業分成製造業及非製造業，兩者應各佔一半，但通常非製造業略多。

在使用短觀報告時，投資者需要注意她並未有訂明未來的時限，即是沒有指明是6個月或是12個月。但無論如何，短觀報告是研究日本經濟情況的主要參考資料，原因應該包括下面各點：

1. 調查由日本銀行進行，加上回覆率一般達90％以上，甚
   至98％左右，使報告具一定公信力。
2. 這是日本投資界常用的參考資料。
3. 報告具前瞻性。

1.36 德國消費者物價指數
（Consumer Price Index，簡稱CPI）

國　　家：德國

發放機構：聯邦統計局

　　　　　（德文：Statistisches Bundesamt Deutschland／英
　　　　　文：Federal Statistics Office）

發放頻率：每月

發放時間：初步估計在相關月份的25號，最後修訂報告在兩
　　　　　星期後，德國時間早上7：00

發放機構網址：www. desiatis. de

新 聞 稿 ：www. destatis. de/indiator/e/pre110je. htm

　　德國的聯邦銀行（Bundesbank）（即中央銀行）對通貨膨脹
的控制向來嚴格，有學者認為今天的歐盟中央銀行亦受德國中央
銀行的這套管理哲學所影響，視控制通貨膨脹為主要前題，故此
德國的CPI對預測德國的息口走勢有參考作用。過去的歷史顯示
德國中央銀行一般會將通貨膨脹率控制在2％以內。

　　這項CPI調查由統計局在每個月月中對約750種類的貨品進行價格調查，然後資料會按六個地區或州分列公佈，即貝德爾騰（Bader-Württemberg）、巴伐利亞（Bavaria）、勃蘭登堡（Brandenburg）、黑森（Hesse）、北萊茵-威斯特伐利亞（North Rhine-Westphalia）及薩克森（Saxony），在使用這份調查報告時，投資者需要特別注意兩點：

1. 統計局為了讓政策制定者能及早得到有關資料，通常會在進行調查月的25號發放初步估計，而經過補充的版本會在約兩星期後的10號或15號公佈，但通常修訂後的版本與初步估計的版本出入不大。

2. 統計局為對歐盟的其他成員國負責，它們會以歐盟標準的格式再行公佈CPI，該份報告稱為Harmonized Index of Consumer Price（簡稱HICP）。雖然公佈的格式不同，但內容大致相同。

CPI調查報告具高參考性，因為：

1. 它可以用作預測德國息口的走勢。

2. 德國在歐元區的經濟實力較強，其經濟現況對其他歐盟成員有一定影響。

1.37 德國IFO商業信心調查
（IFO Business Survey）

國　　家：德國

發放機構：經濟信息研究所註冊協會（德文：IFO Institute
　　　　　für Wirtschaftsforschung；英文：IFO Institute for
　　　　　Economic Research）

發放頻率：每月

發放時間：相關月份的第四個星期，德國時間早上10：30

發放機構網址：www. ifo. de

新 聞 稿 ：www. ifo-business-climate-index. info

　　IFO商業信心調查是一份用於量度德國商界對經濟前景的信
心，IFO是The CESifo Group的成員，屬私人研究企業，但受德
國政府資助。每月月初IFO會訪問超過7,000個來自製造業、建築
業、批發及零售業的高級職員。

　　受訪者在接受調查時，對「現況」類問題只需回答「好」、
「滿意」及「壞」，而對「期望」類問題，答案只有「好轉」、
「不要」及「轉壞」。這份報告中的「期望」是指六個月，即指

受訪者對半年後經濟情況的展望。

調查報告的內容分成三部份公佈：

    1. 商業景氣（Business Climate）

    2. 現況（Situation）

    3. 期望（Expectations）

商業景氣指數是綜合第二項及第三項的結果。

據過往觀察所得，市場對「期望」反應較對「現況」指數為大，而「期望」亦對歐洲區工業生產數量有2至3個月的預測作用，即是當IFO「期望」指數上升時，歐洲的工業生產會在2至3個月後同樣增長。

IFO商業信心調查對判斷德國商業前景，以下兩點是具參考價值的：

    1. IFO指數（特別是當中的「期望」指數）對預測歐洲未來工業生產量在某程度上具準確性。

    2. 德國作為歐洲區最大的一個經濟體系，德國商人對經濟前景的信心對整體歐洲經濟有極大的影響。

1.38 德國工業生產指數
（Index of Production）

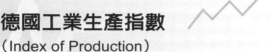

國　　家：德國

發放機構：聯邦統計局（德文：Statistisches Bundesamt
Deutschland/英文：Federal Statistics Office）

發放頻率：每月

發放時間：每月第一或第二個星期公佈兩個月前數據，德國時
間早上11：00

發放機構網址：www. destatis. de

新 聞 稿 ：www. destatis. de/indicators/e/tkpilllx/htm

　　雖然工業生產數值在德國的重要性日漸下降，但整體工業生
產總額仍佔德國全國總增值（Gross Value Added）貢獻約23. 4％
（2005年數字）。

　　這份調查報告由統計局負責編列及發表。調查主要針對八大
類行業，即

　　1. 生產業（Production Industries）

　　2. 工業（Industry）

3. 製造業（Manufacturing）

4. 仲介貨品行業（Intermediate Goods Industries）

5. 投資類貨品行業（Investment Goods Industries）

6. 耐用品行業（Durable Goods Industries）

7. 非耐用品行業（Non-durable Goods Industries）

8. 能源業（Energy）

統計對象為超過二十個工人的製造業企業，調查內容包括：

1. 新訂單（Incoming Orders）

2. 僱用人數（Employment）

3. 工資（Remunerations）

4. 工作時間（Hours Worked）

5. 銷售量（Sales）

德國的統計系統內，工業生產指數屬於短期指標（Short-term Indicators），有別於結構性指標（Structural Indicators）及可持續發展指標（Sustainable Development Indicators），所謂結構性指標是指按歐盟里斯本目標（Lisbon Target）所訂立的目標而編列的指標；可持續發展指標是按德國於2002年制訂的國家發展目標所編制的指標；短期指標於一段時間內的統計數據。雖然如此，工業生產指數是統計局用來編制另一大型報告——商業循環監察系統（Business Cycle Monitor）的重要數據。

德國的工業生產指數是具參考價值的，因為：

1. 工業生產依然為德國整體經濟的一大部份。

2. 德國作為歐元區內最重要的工業生產及出口國，其製造業景氣不但對德國本土具影響，亦會波及其他歐元區成員國家。

第二章

行業分析

　　「由上而下」的投資法中，行業分析的重要性並不下於經濟分析，各行各業本身各有特色，譬如航運業與房地產會出現南轅北轍情況，某些行業在經濟景氣時反而發展緩慢，例如在經濟表現旺盛時，售賣廉價快餐的商店業務大概就不會很好。相反地，當經濟蕭條時，他們的銷售反而不俗。故此，某些讀者認為根本就是從來沒有行業分析這回事，各個行業都應該有各自的一套分析技巧，因此我亦應當按不同的行業而介紹不同的分析技巧，但由於這書的目的是概括地介紹有關股票投資知識的書籍，恕我不能分門別類地將各行各業的不同分析技巧詳細地列出及講述，只能針對幾個可用於整體行業的分析工具，不便之處，請讀者原諒。

　　本章介紹幾個能夠適用於各行業的分析技巧包括：

　　　　1. Porter的五項競爭力量框架（Porter's Five Forces of Competition Framework）

　　　　2. SWOT分析方法

　　　　3. PEST分析方法

　　　　4. STEER分析方法

　　　　5. 戰略定位與行動評估矩陣Strategic Position and Action

Evaluation Matrix（SPACE Matrix）

6. 波士頓顧問集團矩陣（Boston Consulting Group Matrix）

行業的分析技巧當中，又以Michael Porter的「五項競爭力量框架 」（Porter's Five Forces of Competition Framework）及SWOT分析法較流行，差不多所有分析員及策略師都會經常使用這些方法。故此在進行行業分析時，投資者可以不用，但不可不知。但在討論前，我必須強調這些分析工具只是透過分析幾個最重要的因素來試圖找出整體實況，要全面了解整個行業的實況還是需要考慮更多的因素，美國的投資管理及研究協會（AIMA）就曾經提出在行業分析時需要考慮以下因素。

表2.1：行業分析考慮因素

行業分類（Industry Classification） 產品週期（Life Cycle Position） 商業週期（Business Cycle） 外在因素（External Factors） 科技（Technology） 政府政策（Government） 社會因素（Social） 人口因素（Demographic） 國外因素（Foreign） 需求分析（Demand Analysis） 用家分析（End Users）	真實及名義增長（Real and Nominal Growth） 走勢及循環因素（Trends and Cyclical Variation Around Trends） 供應分析（Supply Analysis） 集中度（Degree of Concentration） 其他競爭者參與障礙（Ease of Entry） 市場容量（Industry Capacity） 盈利能力（Profitability） 供求情況（Supply／Demand Analysis） 成本因素（Cost Factors） 價格（Pricing）

（來源：美國投資管理及研究協會）

　　但假如我們將每個因素都詳盡考慮，耗時必然不菲。故此，本章介紹的分析技巧實屬捷徑。在介紹各種分析方法前，我先解釋市場的一般結構。從下表（表2.2）的分類方法顯示，市場可以分為：完全競爭市場（Perfect Competition Market），當中各競爭者買賣的產品性質是同性質的（Homogeneous）；寡頭市場（Oligopolistic Market），當中寡頭競爭者（Oligopolistic Competitors）的數目只是寥寥可數；雙頭壟斷市場（Duopolistic Competition Market），市場裏只有兩個競爭者；及壟斷市場（Monopolistic Market），其中壟斷者（Monopolist）的利潤很高。

表2.2：市場結構

	完全競爭市場	寡頭市場	雙頭壟斷市場	壟斷市場
競爭者數目	很多	只有數家	只有兩家	只有一家
入市及退市門檻	無門檻	有進退門檻	有進退門檻	有非常高的門檻
產品種類	產品性質及質量一致	產品性質及質量有差別	產品性質及質量有差別	產品性質及質量有差別
市場資訊	資訊全面開放	資訊流通有限制	資訊流通有限制	資訊流通有限制
競爭者盈利	◎低 只能在成本價上獲取微薄利潤	◎低至中 視乎各競爭對手的競爭策略	◎中至高 視乎其他競爭對手的競爭策略	◎高 除非政府對盈利有所限制
盈利	偏低	偏高	偏高	高

　　在股票投資中，最理想的是選取位處「寡頭市場」，「雙頭壟斷市場」及「壟斷市場」中企業的股份。

2.1 Porter的五項競爭力量框架
（Porter's Five Forces of Competition Framework）

Porter分析框架的主要方法是將市場的競爭力量分成五項，即替代品的威脅（Threat of Substitutes）、新競爭者的威脅（Threat of Entrants）、供應商的議價能力（Bargaining Power of Suppliers）、購買者的議價能力（Bargaining Power of Buyers）及行業內的競爭（Rivalry among Existing Competitors）。這框架可以用下面的圖2.1作出提要：

圖 2.1 Porter 市場競爭力解剖

供應商的議價能力
主要考量因素：
- 生產成本與總成本的關係
- 產品的區別
- 供應商間的相互競爭
- 供應商的數量
- 供應商的財力
- 供應商所獲得的資訊

新競爭者的威脅
主要考量因素：
- 經濟規模
  （Economies of Scale）
- 可能的成本優勢
- 資本需求
- 產品的區別
- 分銷能否有效
- 政府及法例的規範
- 行業競爭者的反擊

行業內競爭
主要考量因素：
- 競爭的集中程度
- 競爭對手產品的競爭力
- 市場產能及對手進退門檻
- 成本結構

替代品的威脅
主要考量因素：
- 買家對替代品的傾向
- 替代品的相對價格及表現

買家的議價能力
主要考量因素：
- 生產成本與總成本的關係
- 產品的區別
- 買家間的相互競爭
- 買家的數量
- 買家的財力
- 買家轉用其他產品的成本
- 買家可獲得的資訊

　　這個框架簡單地綜合了一家企業所面對的競爭要項，在「橫」向（Horizontal）的競爭有替代品的競爭、新競爭者的競爭及行業內各企業間的競爭，而在「縱」向（Vertical）的威脅則包括供應商及買家的威脅。受限於篇幅，在此我並不會就每個主要考量因素（Structural Variable）分別詳細解釋。讀者可自行參閱Michael Porter教授的Competition Strategy：Techniques for Analyzing Industries and Competitors （由Free Press出版）。

　　這個分析框架創自1979，迄今已有30多年的歷史，但其依然是大部份商學院教材中的指定讀物，故此我們對此不容忽視。當然這個框架亦有缺失，Kevin P. Coyne及Somu Subramaniam 就曾經指出這個框架是基建於三個值得商榷的假設，即：

1. 在框架內，買家、競爭者及供應者是完全獨立並沒有關係的，但他們可能是互有關連的。

2. 企業的真正價值是透過構建進退門檻而達成，即保持所謂結構性優勢（Structural Advantage）。

3. 整個框架中的各項主要考量因素（Structural Variables）相對地穩定，因此，對競爭者的來臨似可以預知及防範。但市場卻是互動的，那會是這麼容易就能預測市場變化！

　　亦有人提出第六個力量：其一是「互補者」（Complementor）的力量，就是說各競爭對手或威脅者可能會組成策略聯盟；其二是Martyn Richard Jones的「政府」（全國性或地區性）及壓力團體（Pressure Group）的力量。

　　我覺得上述爭論只是流於學術，因為在現實的開放市場環境中，原來的五個力量是足夠的，而可供考慮的實際因素多的是，這就好像是1％與1.1％間的爭論，分別根本不大。

2.2 SWOT分析方法

SWOT是「優勢」（Strengths），「劣勢」（Weakness），「機會」（Opportunities）及「威脅」（Threats）的合成簡稱，這個由Albert Humphrey在60年代建立的分析方法，至今依然廣為分析員、策略師奉為圭臬之使用工具。

SWOT分析方法原來的目的是透過考察各種內在因素（Internal Factors）及外在因素（External Factors）來判斷一個投資項目或一項商業行為能否達到目標，但現在卻被很多分析員或策略員用作分析一家企業外在及內在的利弊因素。

內在因素是「優勢」及「劣勢」，即企業本身（或項目本身）的有利因素或不利因素，如有豐厚的資金但沒人才；外在因素是「機會」及「威脅」，如通貨膨脹正在加劇，導致息口即將上升。一般的分析員或策略員只會用列表的方式將一家企業的「優」、「劣」、「機」及「脅」全部列出比較，下表是一個較典型的指標式例子。

表2.3：SWOT分析比較一例子

優勢	劣勢
◎財力資源豐富	◎高級管理人員已屆退休年齡
◎產品素質較高	◎產品零售價格高
◎有固定及忠心客源	◎產品缺乏創新
◎不受季節性消費影響	◎生產成本較高
機會	威脅
◎有同行較小型競爭者全盤出售，可供購買	◎國外同業有意進軍本地市場
◎短期內同類產品供應因出口國罷工而導致短缺	◎通貨膨脹導致成本進一步攀升

　　從上面的分析方法，我們可以就目標企業的優劣來檢查外在因素對該企業的潛在影響。此外，在運用SWOT分析方法時，我們亦需要瞭解企業的策略能否配合，雖然這不是行業分析的範疇，但透過相互關係，我們可以評估行業中企業的策略，這種方法稱為SWOT／TOWS矩陣，策略有以下四項：

- 優-脅策略（S-T Strategies）：利用企業本身優勢去減低市場的不利因素。
- 優-機策略（S-O Strategies）：利用本身優勢去獲取最大機會。
- 劣-脅策略（W-T Strategies）：採取防衛性策略以避免問題的惡化。
- 劣-機策略（W-O Strategies）：把握機會改善本身劣勢。

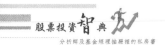

2.3 PEST分析方法及STEER分析方法

PEST分析方法是一種很多分析員及策略員經常使用的分析框架，其內容分為四項：

P（政治Political）　　：影響整體經營環境的政治因素

E（經濟Economic）　　：影響整體經營環境的經濟因素

S（社會Social）　　　：影響整體經營環境的社會因素

T（科技Technology）　：影響整體經營環境的科技因素

有些學者將L（法律Legal）加上，變成SLEPT；亦有學者再加上E（環境Environment），變成PESTEL或PESTLE；甚至有再加上E（教育Education）及D（人口Demographic Factors），變成STEEPLE和STEEPLED。

我們從上面可以看到簡單的分析框架似乎不足以滿足市場的需要，在進行分析時，我們根本不需要執著要哪一個分析方法是最好的。事實上我們可以不停地把不同的考量因素加入框架裏，而它們大致上可以歸納為以下五大類：

S（社會及文化因素Socio-cultural Factors）

T（科技因素 Technological Factors）

E（經濟因素Economic Factors）

E（生態環境因素　Ecological　Factors）

R（法例規管因素　Regulatory　Factors）

將它們合成，即簡稱為STEER分析方法。

相較其他的行業分析工具，PEST或STEER分析方法多用於分析宏觀市場狀況；在分析個別行業及企業情況時，很多分析員與策略員會將此方法配合SWOT分析方法一併使用。在SWOT分析法中，考量的因素分為內在因素（Internal　Factors）及外在因素（External　Factors），而PEST或STEER就是用於分析外在因素，並決定「機會」或「威脅」。

影響PEST分析法的因素：

1.政治因素

市場人士經常問：「究竟在甚麼情況下政府會對社會經濟進行干預呢？而又可以如何干預？」這問題正就是所謂政治因素的考量。

具體地說政治因素可以劃分為區域性及國家性，前者例如透過個別地區的稅收政策、勞工法、環境法、商業制約、關稅和穩定的政治環境來發揮影響力；後者則是政府的國防、教育和基礎設施決策。

2.經濟因素

包括經濟增長、利率、兌換率和通貨膨脹率等,這些因素足以影響一家企業的運作和作出的決定。例如利率會影響企業在市場籌集資金的費用,從而在一定程度上影響企業的業務增長和擴展計劃。外匯兌換率影響出口物品的費用和成本,並對進口物品的供應和價格構成壓力。

3.社會因素

包括文化層面,並且概括了健康認知、人口生長率、年齡分佈、對職業安全的態度等。人口趨勢在社會因素上會直接影響市場及私人市場的產品需求,例如人口老化會逐步減少市場的勞動力,長遠會令勞動成本增加。在此情況下,私人企業或公營部門均有可能需要改變管理策略來配合社會趨向,例如吸納年長的工作者擔任勞動力。

4.技術因素

包括生態學和環境兩方面,例如研究及發展(Research & Development,簡稱R & D)活動、自動化和技術變動效率等。高技術可以確保高入行門檻(Barrier to Entry)及高效率的生產水平等。

5.環境因素

包括天氣和氣候變化,最受這項因素影響的產業,例如有旅遊業、農業和保險業等等。

6.法律因素

　　包括歧視法律、消費者法律、反壟斷法律、僱傭法律及健康與安全法律。這些法律因素的考慮可能會影響到企業經營的成本費用，和市場對產品的需求。

2.4 戰略定位與行動評估矩陣Strategic Position and Action Evaluation Matrix（SPACE Matrix）

「戰略定位與行動評估矩陣」可以幫助企業決定其市場戰略定位。利用這矩陣，我們可以知道一家企業所屬的行業是否有吸引力，並瞭解企業在該行業裏是否仍具有競爭力。

這矩陣的用法頗為簡單，分析員只須透過一連串問題來決定一家企業的定性，即保守性、進取性、防衛性或競爭性。將結果與商品週期相併合，我們便可以認定這家企業是否具投資吸引力。例如一家保守或防衛性的企業在經濟蓬勃的市場應該只會獲得較低的盈利增長；反之，一家進取或好競爭的企業在疲弱的市道可能會造成大量資金流失。用者可以自行釐定問題的內容去評估一家企業的市場定位，亦可以參考下列問題作指標。

表2.4：SPACE矩陣分折中參考的評估問題

經商環境的穩定程度

（Environmental Stability Factors，簡稱ES）

科技的改變	很多	1	2	3	4	5	6	很少
通貨膨脹程度	高	1	2	3	4	5	6	低
需求的變化度	大	1	2	3	4	5	6	小
可替代商品的價格幅度	大	1	2	3	4	5	6	小
市場參與障礙	高	1	2	3	4	5	6	低
競爭壓力	高	1	2	3	4	5	6	低
價格需求彈性	高	1	2	3	4	5	6	低

企業財務實力（Financial Strength Factors，簡稱FS）

投資回報	低	1	2	3	4	5	6	高
負債率	低	1	2	3	4	5	6	高
資金流動性	低	1	2	3	4	5	6	高
所需資金／可用資金比率	高	1	2	3	4	5	6	低
現金流量	低	1	2	3	4	5	6	高
撤離行業的可能性	困難	1	2	3	4	5	6	容易
企業的其他風險	高	1	2	3	4	5	6	低

企業競爭優勢（Competitive Advantage Factors，簡稱CA）

市場佔有率	少	-1	-2	-3	-4	-5	-6	多
產品質素	差	-1	-2	-3	-4	-5	-6	好
產品週期	晚期	-1	-2	-3	-4	-5	-6	前期
產品的被取代性	能	-1	-2	-3	-4	-5	-6	不能
客戶的忠心度	低	-1	-2	-3	-4	-5	-6	高
競爭對手的生產能力	低	-1	-2	-3	-4	-5	-6	高
科技知識	低	-1	-2	-3	-4	-5	-6	高
一條龍生產方式	低	-1	-2	-3	-4	-5	-6	高

行業實力（Industry Strength Factors，簡稱IS）

增長潛力	低	-1	-2	-3	-4	-5	-6	高
盈利潛力	低	-1	-2	-3	-4	-5	-6	高
財政穩定程度	低	-1	-2	-3	-4	-5	-6	高
科技知識	單純	-1	-2	-3	-4	-5	-6	複雜
資源的運用	低效	-1	-2	-3	-4	-5	-6	有效
資本密集	高	-1	-2	-3	-4	-5	-6	低
市場參與程度	容易	-1	-2	-3	-4	-5	-6	困難
生產力	低	-1	-2	-3	-4	-5	-6	高

在回答上述各項提問後，我們可將各項的得分計出平均數
（Average），然後以星形圖方式畫出，並進行分析。分析的方法
並非很嚴格，以下便是些分析例子：

圖2.2A：例一

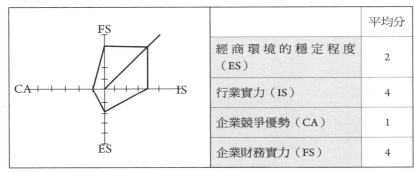

	平均分
經商環境的穩定程度（ES）	2
行業實力（IS）	4
企業競爭優勢（CA）	1
企業財務實力（FS）	4

解釋：代表一家處於行業增長、並擁有良好競爭力及雄厚實力的企業

圖2.2B：例二

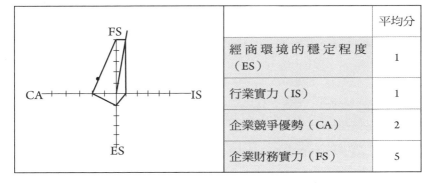

	平均分
經商環境的穩定程度（ES）	1
行業實力（IS）	1
企業競爭優勢（CA）	2
企業財務實力（FS）	5

解釋：代表一家在所屬行業內擁有強大財政實力的企業

圖2.2C：例三

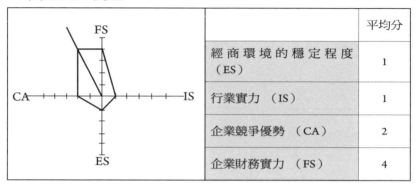

	平均分
經商環境的穩定程度（ES）	1
行業實力（IS）	1
企業競爭優勢（CA）	2
企業財務實力（FS）	4

解釋：代表一家擁有雄厚實力的企業，卻處於低增長行業並缺乏競爭

力

圖2.2D：例四

	平均分
經商環境的穩定程度（ES）	1
行業實力（IS）	1
企業競爭優勢（CA）	5
企業財務實力（FS）	2

解譯：代表一家缺競爭力並處於低增長行業內的企業

圖2.2E：例五

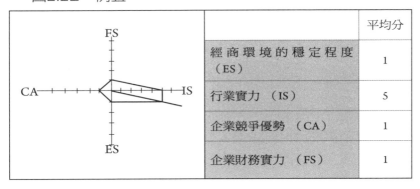

	平均分
經商環境的穩定程度（ES）	1
行業實力 （IS）	5
企業競爭優勢 （CA）	1
企業財務實力 （FS）	1

解譯：代表一家位處於高增長行業，並具競爭力的企業

圖2.2F：例六

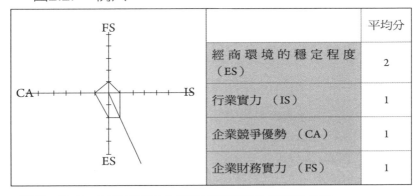

	平均分
經商環境的穩定程度（ES）	2
行業實力 （IS）	1
企業競爭優勢 （CA）	1
企業財務實力 （FS）	1

解譯：代表一家頗具競爭力但位處不穩定的行業的企業

圖2.2G：例七

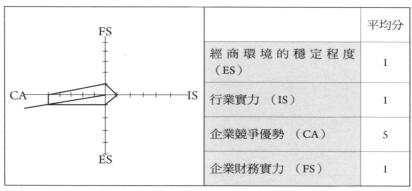

	平均分
經 商 環 境 的 穩 定 程 度 （ES）	1
行業實力 （IS）	1
企業競爭優勢 （CA）	5
企業財務實力 （FS）	1

解譯：代表一家缺競爭力並位處負增長的行業中的企業

圖2.2H：例八

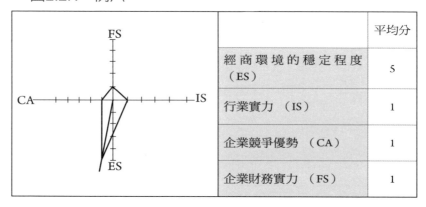

	平均分
經 商 環 境 的 穩 定 程 度 （ES）	5
行業實力 （IS）	1
企業競爭優勢 （CA）	1
企業財務實力 （FS）	1

解譯：代表一家財政有問題並處於不穩定的市場中的企業

（資料來源：圖例改編及取材P.136，自Rowe, H, Mason R, 及Dickel, K, Strategic Management and Business Policy：A Methodological Approach, Addison-Wesley Publishing Co. Inc. 1982；第155頁）

2.5 行業週期分析

　　這是一個描述及分辨一個行業盛衰週期的系統，簡單來說，每一行業大致可分為四個發展時期，即發展初期、成長期、成熟期及衰退期，當行業處於成長期，我們可稱這行業為「朝陽行業」，表示行業發展強勁並且會持續成長；相反地，當行業踏入衰退期，這行業稱為「夕陽行業」，指出整體行業將會持續衰落，身處其中的企業毛利率亦會下降。

　　下面列表就按企業所在行業之競爭力來標示出它們在各發展週期的特徵及可考慮的商業策略。

股票投資智典
分析師及基金經理細閱裡的私房書

表2.5：行業產品週期

	發展初期 （Embryonic）	增長期 （Growth）
能全面控制市場 的企業	· 快速增長 · 開展業務 （Start-up）	· 快速增長 · 爭取成本優勢 · 更新 · 防衛市場佔有率
處於強勢的企業	· 開展業務 · 發展產品特色 · 快速增長	· 快速增長 · 追趕市場領導者爭取成 　本優勢 · 發展產品特色
處於有利地位的 企業	· 開展業務 · 發展產品特色 · 專注 · 快速增長	· 發展產品特色，專注 · 追趕市場領導者 · 與行業共同增長
處於不利地位的 企業	· 開展業務 · 與行業共同增長 · 專注	· 收成，追趕市場領導者 · 緊守有利市場，堅持 · 尋找有利市場 · 轉型 · 專注 · 與行業共同增長
處於弱勢的企業	· 尋找有利市場 · 追趕市場領導者 · 與行業共同增長	· 轉型 · 裁員

表2.5：行業產品週期

	成熟期 （Mature）	衰退期 （Ageing）
能全面控制市場的企業	・防衛市場佔有率 ・爭取成本優勢 ・更新 ・快速增長	・防衛市場佔有率 ・專注 ・更新 ・與行業共同增長
處於強勢的企業	・爭取成本優勢 ・更新，專注 ・發展產品特色 ・與行業共同增長	・尋找有利市場 ・緊守有利市場 ・堅持 ・與行業共同成長 ・收成
處於有利地位的企業	・收成，堅持 ・尋找有利市場並緊守有利市場 ・更新，轉型 ・發展產品特色，專注 ・與行業共同增長	・裁員 ・轉型
處於不利地位的企業	・收成 ・轉型 ・尋找有利市場 ・裁員	・結束投資 ・裁員
處於弱勢的企業	・退出市場 ・結束投資	・退出市場

（資料來源：Arthur D. Little）

　　在股票投資方面，進取的投資者會投資處於發展初期的企業
所發行的股票，較保守的投資者則大多只會投資在處於繁榮階段
的企業所發行的股份。另一方面，進取的投資者亦會在行業踏入
成熟期以前就開始減少（甚至停止）投資位處於該行業的企業，
但亦有些專以收取股息為主的投資者，他們可能會選擇一些處於
衰落期但又願意分派大量股息的企業（由於發展機遇不大，很多
時這類企業會派發股息來回饋股東，尤其對主要持股股東特別慷
慨）。

2.6　產品週期分析

　　產品週期分析是從產品角度來看整個行業市場中的參與者。它對分析個別行業具一定作用，主要按行業發展分成不同階段；在「開發期」，即某種產品開始推出市場，例如當移動電話初推出市場時，市場上出現不同功能、外型的型號，對市場參與者來說，他們需要付出大量資金，希望研發出能夠搶佔大份額市場佔有率的產品；在「增長期」，市場產品種類減少並出現標準化。在上面的例子中，在增長期時，移動電話的種類減少而產品的功能、外型亦趨於標準化；競爭失敗者相繼離場時，勝出的企業多會達到收支平衡。在「成熟期」產品種類繼續減少，此階段容許大規模生產，在此階段，競爭者著眼於如何壓抑成本。在「衰退期」，產品變得單一化，而市場的需求亦會相繼地萎縮。

　　對於股份投資者來說，主要是投資於在「增長期」中勝出的競爭者及在「成熟期」能夠控制成本的企業。

表2.6：產品週期

階段	開發期	增長期	成熟期	衰退期
市場增長速度	・緩慢	・快速	・緩慢	・負增長
市場結構	・散亂	・少量競爭者	・少量競爭者變為「寡頭競爭者」	・市場變成「寡頭」或「獨家」競爭情況
產品種類	・不同種類產品充斥市場	・產品品種減少，但同時間，標準產品開始出現	・產品品種大幅減少	・產品種類統一化
財務影響	・大量投入資金	・盈利增長，但再投資額亦相對增加	・盈利仍在增長，但再投資額相對減少	・部份企業演變成為現金企業
現金情況	・大量現金支出	・收支平衡	・大量現金收入	・部份企業仍有現金收入
生產力	・少量生產並且不穩定	・生產成本下降	・著力於成本及效率控制	・市場需求減少
產品研究及發展	・大量研發工作	・注意生產	・少量	・除非不得已，否則不會花費

2.7　波士頓顧問集團矩陣（Boston Consulting Group Matrix），簡稱BCG矩陣

　　BCG矩陣是波士頓顧問集團在1968年提出用作分析企業產品或業務單位的戰略性位置。這方法雖頗具歷史，但市場中不少分析員依然採用它作描述企業戰略位置之用。矩陣由一橫軸（代表企業在同行中所佔的相對市場佔有率Relative Market Share）及一縱軸（代表企業預期未來市場增長率Expected Market Growth Rate）的組成。兩軸相交所形成的四個區域按戰略意義分成「現金牛」（Cash Cows），「狗」（Dogs），問號（Question Marks）及「明星」（Stars），以圖示為：

圖2.2：BCG矩陣，預期市場增長率

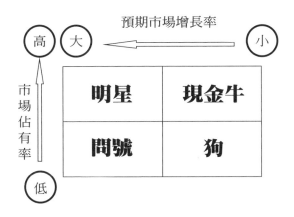

矩陣中：

- 「現金牛」是指那些位處於緩慢增長的市場，但擁有較大份額市場佔有率的企業。它們未來大概不會再有高增長的盈利，但卻能產生足夠營運所需的現金。這類企業通常採納高派息政策，多為追求高股息收入的投資者所喜愛。

- 「狗」是指那些位處於緩慢增長的市場中，而且只佔有少量市場佔有率的企業，一般為投資者所捨棄。

- 「明星」是指那些位處於高增長市場中，佔有較大市場份額的企業，為市場投資者所追捧的寵兒。

- 「問號」，又稱為「問題兒童」（Problem Children）或「野貓」（Wild Cats），是指那些位處於高增長市場，但市場份額較低的企業。在競爭中，它們可能成為明日之星，但又可變成失敗者，故被稱為「問號」。

從上面我們可以看到BCG矩陣的基本假設是企業的競爭能力變化不大，可以說是比較靜態的分析，相對今天的動態社會，這方法可以說是有點落後。

第三章

影響投資的主要心理

　　不少策略員在面對投資者提出有關「何時獲利沽（賣）貨」、「何時止蝕離場」、「應否加碼」等問題時都會取出圖表以技術分析的方法去解答：只要在圖中找到「支持位」（Support）或「阻力位」（Resistance），策略員就可以迅速找出獲利或止蝕位；又或者以移動平均線為基準，升越移動平均線代表入市時機，跌穿移動平均線是沽貨訊號；要不然就用走勢型態（Pattern）來決定，故此我們有一浪高於一浪，上升旗形等形態出現；又或者用技術指標，如RSI、Momentum等來測試。認識我的人都知道我較少用這類方法來訂獲利及止蝕位，故此認定我對技術分析一竅不通，但我不是不會用，只是運用時會特別謹慎。事實上當我在1989年加入這投資行業時，我曾經同時兼顧一些日本股票。鑑於當時資訊流通沒有今天的發達，加上上市公司數目龐大，故此，在香港買賣日本股票時主要是以技術分析的方法去決定買賣時機，故此我學會並非常熟練地運用了技術分析方法好一段時間，其後又與朋友在正職（以基本分析方法研究上市公司）以外成立了一家以技術分析方法為主軸的投資情報公司，老一輩的投資者大概都曾經聽說過這家名叫「唯利『視』圖」的公司。

　　憑藉多年經驗來說，我會總結技術分析不是那麼容易掌握。特別是對那些成交量不大，又有莊家大戶站在背後維持秩序的股票。我們當時的笑話是當市場在憧憬一個完美的「頭肩頂形態」，有實力的莊家可以馬上給市場「速遞」一個超完美的「頭肩底」形態，因為他們有足夠的資金去影響股價的走勢。他們絕對有能力製造不同的「形態」來吸引投資者買進或沽出股票。時至今日，我不敢說這種行動在市場上是否依然存在，但可以肯定的是在運用形態分析時，我們必須小心，避免跌入「形態」陷阱。

　　坊間有關教授技術分析方法的讀物及課程有很多。我也不打算在這裡再拾人牙慧，只在第五章簡單地將主要的走勢型態列出，但我會在這部份介紹與技術分析有密切關係的必殺技－投資心理。事實上所有股票價格的走勢都是與投資者的集體心理現象有關。策略師在分析股價的技術走勢時亦會運用這裡所談的心理，因為它必定會提高自己的預測走勢能力。

　　何謂「投資心理」？ 就是投資者在面對目前股價走勢時所產生的心理現象，而這心理現象又會對未來投資取向有所影響。一般來說，本章所述的各種心理現象都對股票市場有較大的影響。

影響投資的主要心理

1. 奇想理論 Magical Thinking

2. 確定效應論　Certainty Effect

3. 預期理論　Prospect Effect

4. 說服理論　Persuasion

5. 自我說服理論　Self-Persuasion

6. 知識態度理論　Knowledge Attitude

7. 代表性效應理論　Representativeness Effect

8. 錯誤共識理論　False Consensus Effect

9. 自我防衛理論　Ego-defensive Attitude

10. 後悔理論及認知失調

    Regret Theory and Cognitive Dissonance

11. 框架理論　Anchoring/Framing

12. 沉澱成本理論　Sunk Cost Fallacy

13. 分離理論　Disjunction

14. 同化錯誤理論/選擇性接觸理論/選擇性認知理論

    Assimilation Error/Selective Exposure/Selective

    Perceptive

15. 後見之明理論　Hindsight Bias

表3.1：策略員或投資者對預測錯誤的心理反應

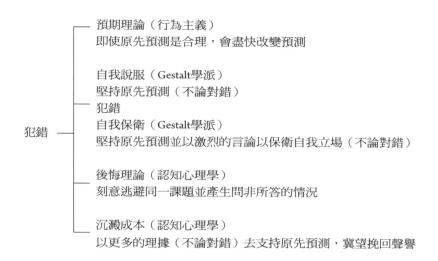

犯錯

- 預期理論（行為主義）
  即使原先預測是合理，會盡快改變預測

- 自我說服（Gestalt學派）
  堅持原先預測（不論對錯）
  犯錯
  自我保衛（Gestalt學派）
  堅持原先預測並以激烈的言論以保衛自我立場（不論對錯）

- 後悔理論（認知心理學）
  刻意逃避同一課題並產生問非所答的情況

- 沉澱成本（認知心理學）
  以更多的理據（不論對錯）去支持原先預測，冀望挽回聲譽

　　坊間詳細介紹不同投資心理學的書並不多，其中較具參考價值的是Lars Tvede的The Psychology of Finance，（John Wiley & Sons出版），最新版本是修訂版（Revised Edition），但相對而言，第一版更具參考價值。其餘兩本值得參考的都是由 Richard H. Thaler 編修，它們是Advances in Behavioral Finance 第一集及第二集（都是由紐約的Russell Saga出版）。書中文章多以股價走勢的觀察及分析為主，較少觸及心理學理論與股價走勢關係。

3.1 奇想理論
（Magical Thinking）

　　「奇想理論」是指當某些特定現象出現後，有些人會認為一些特定的預期現象亦會必定隨之出現，即使從常理是無法解釋或根本就沒有解釋。在實踐中，股票市場對某些現象是有約定俗成的看法，例如，「聖誕鐘，買匯豐」、「股價大漲後必定會回吐（下跌）三分之一」、「50天移動平均線升越100天移動平均線表示確認股價會上升」等。這裡很多都是經驗談，從科學角度看，我們可以說這是累積統計的結果，但有些現象確實難以解釋，面對這類現象，策略投資者亦只好按傳統智慧來做判斷。

3.2 確定效應論
（Certainty Effect）

舉例來說，有家上市企業的資產是每股50元，而它在交易所的最後成交價是15元，現在這上市企業的控股股東提出以每股20元全面私有化全部股份，即使市場都知道該企業資產應該不止值每股20元，而是每股50元。但按這確定效應，大部份有權投票的股東會選擇收取每股20元的建議私有化作價，而不會鍥而不捨地等待股價上升至每股50元的機會，這種「百鳥在林，不如一鳥在我手」的心態就是心理學上所說的「確定效應」。

根據相關理論，一般人會接受回報較低，因為這些回報是較為確定的，反之，雖然較高的回報較為吸引，但投資者在不能確定的情況下，不會選取「高風險，高回報」的投資項目。此項心理現象亦可應用於獲利回吐的情況，很多個人投資者在獲得微利時，很快便會將股票沽出以換取肯定的回報。這也解釋為何一些機構投資者可以獲得較高的回報，這是由於大部份機構性投資者在進行投資前都會先行計算股份的潛在價值，在股價未到達預計價值時，他們一般不會將股票沽出獲利，這樣做不但可以減少交易成本，還可以減少基金經理花在短線買賣的時間。

3.3 預期理論
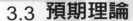
（Prospect Effect）

　　有一些投資者可能寧願選擇獲取肯定但微少的回報，更有些
會為了減少損失而放棄有機會獲取的收益。這個「預期理論」可
用於解釋為何部份投資者即使在購買股份時充滿信心及憧憬，但
當股價下跌時，他們會為減少損失而放棄之後的賺利機會。

　　大部份人對虧損這個觀念都會較為敏感，並且會盡量避免損
失。故此當股價跌低於購入價時，投資者的這種避險心態會驅使
他們對他們原先的判斷產生懷疑或選擇忽視將來的回報。這種心
理狀態正好解釋為何在跌市時，股價初時會表現較為平穩，或在
第一、二日下跌時，跌幅只是一般，因為股價仍未跌破大部份投
資者的買入價。但當股價持續下跌的情況下，股價便會以較大幅
度及較快速度下降，因為在預期心理影響下，投資者會進行止蝕
行為。在演繹這個心理時，我們需要注意跌市前的上升情況及成
交量。假如跌市前，上升速度較快而成交量較大，我們可以預期
跌幅亦會較大，因為在股票急速上升時買進股票的投資者或許為
避免損失而急急拋售手上的股份。

3.4 說服理論
（Persuasion）

　　股票市場上有很多知名股評人、股聖、甚至股神。除了在媒體上的曝光外，股壇權威在預測股價走勢方面亦確有不錯的紀錄，而且在很多時候，名氣愈大，他們對股價走勢的預測能力亦愈高。我相信除了他們的預測能力外，心理學派中Gestalt學派提到的說服理論亦可解釋這種現象。

　　說服理論是說一般人會對可信的信息來源更加信任，而且更容易被說服。換言之，當一位知名股評人或投資者提出一個可能錯的預測時，市場會傾向相信並受到說服，因為他們會依照該項預測而進行股票買賣，使該名股評人或投資者的預測自我實踐。相反地，即使一名寂寂無名的分析員能夠精確地預測市場與股價走勢，市場也未必對所預測的方向做出反應。在這理論下，我們在預測市場走勢或個別股份波幅時，不妨也參考大經紀行或知名分析員的意見。當然，他們的意見根據必須是合理，否則，第一個按著進行的是「傻」，第二個按著幹的便是「更傻」。

3.5 自我說服理論
（Self-Persuasion）

　　當投資者按客觀的事實預測大市（股／匯市／期貨大環境）走勢在未來半年時會節節上升，但事與願違，主要股份不單不上升，反而拾級而下。根據這個心理學理論，部份失誤的投資者會在眾多的資訊尋找一些符合他們想法的題材，並對一些明顯的事實置諸不理及視若無睹。舉例說，在一個牛皮市的情況下，主要藍籌股及指數均呈膠著狀態，但其中卻有極少數股份逆市上升，連續上升數天。即使這些逆市上升的股份可能只有少許成交量支撐，但樂觀及相信大市會向好的投資者會以此觀察結果做為預測的基準，並衝動地趕進市場以高價買入股份。這理論正好解釋了為何大市或某檔股份在連續上升或下跌幾日後，市況或股價會突然加速飆升或急挫，並且會持續一段時間。面對這種情況，策略員只好順著市勢而做出預測。

3.6 知識態度理論
（Knowledge Attitude）

今時今日市場的訊息成千上萬，多不勝數，要將全部資料及資訊過濾並從中篩出有用的結果是知易行難的。知識態度理論是指一般人會將資訊分類到可做解釋及理解的地步，然後才作處理。在量化財經中，最常規的分析工具是迴歸分析（Regression Analysis）就確切地反映了這種心理狀態。在迴歸分析中：

因變數=a+b（自變數1）+ c（自變數2）+ d（自變數3）……
+ 虛擬變數

當中包含了因變數（Dependent Variable）、自變數（Independent Variable）和虛擬變數（Dummy Variable）等三項。當中各自變數就是代表不同資訊的不同分類，他們都是可以解釋和受控制的，而虛擬變數則是用作解釋一系列不能解釋或控制的資訊，我們知道它們的存在，但就無法解釋及控制。

當股票價格出現大幅下跌時，我們必須同意市場的走勢不會因為一名股票策略員的意願而改變走勢。在此情況下，該名策略

員只能有三個選擇：

　　I. 接受現實，轉而修改他原來的預測；

　　II. 拒絕接受現實，堅持原來的預測；

　　III. 拒絕接受現實，但會找其他藉口或原因而改變原來的預測。

　　根據這個自我說服理論，該名策略員會拒絕接受現實，但態度會改變。換言之，他有很大機會選擇第三個做法，即拒絕接受現實，但就找出其他因素來說服自己。在投資者方面，情況亦有相類似的情況。就是即使他們在買入股份後，股價並沒有跟他們預期的方向走動，他們大都不會承認或接受這是他們作投資錯誤的事實，而只會試圖找出其他因素去配合他們態度的改變。畢竟沒有太多策略員或投資者會願意承認自己的錯誤。

3.7 代表性效應理論
（Representativeness Effect）

在技術分析範疇中，有一個老生常談的說法：「趨勢是最好的朋友」（Trend is The Best Friend），即是說假如指數或某股價上升或下降的趨勢形成後，我們大可以預測該趨勢會持續，代表性效應理論就是反映這種想法。

一般人會認為自己所觀察到的趨勢是會持續下去的，正如有人認為股價在每年一月便會看漲，雖然這種趨勢可能只是偶發性的，或者當某檔股票上升時，人們會試圖解釋上升的原因，當然上升的原因有很多，但分析員或投資者很容易便將上升的原因歸咎於幾個簡單而又容易解釋的理由上，據稱這是跟一般人的記憶能力有關。當我們是股票分析員時，那些受聘給我們培訓的溝通專家很多時都會要求我將所有論點歸納為三點，多一點或少一點都會受到指正，據稱是因為人的記憶力一般只可在短時間內容納三點項目。說多了，客戶不會記起。說少了，客戶就會覺得你的論據不足，各位策略員不妨參考這方法。

3.8 錯誤共識理論
（False Consensus Effect）

　　我們很多時候會見到一些策略員在作出預測後，事實與所預測的走勢並不相同，甚至背道而馳，但他們卻不願意承認預測錯誤，甚至堅持到底。這種現象除了可用「自我說服」理論來解釋，亦可以用錯誤共識理論去解釋。

　　這個理論是指一般人通常都會高估跟自己持相同態度者的人數。即是當他做出預測，他會假設或相信有很多人跟他擁有共同觀點，可惜他一般都是高估的，也正因如此，他會堅持己見，即使後來發覺錯誤，也不會容易改變原來的觀點。在各種心理態度中，這種心態對策略者來說卻有較大、而且危險的影響。

　　這種心態會驅使策略員覺得他的觀點是普遍化，故此在做出不同的預測時，便假設大部份投資者都會根據預想的走勢而反應，從而忽視市場的其它因素，使原來的預測愈來愈錯，最後可能發展成為自我防衛態度。

3.9 自我防衛理論
（Ego-defensive Attitude）

　　據Gestalt心理學派的說法，當一位策略員或投資者作出投資行為預測後，如果他們發覺事實與所預測的走勢不一樣時，他們很多時會拒絕接受現實，前面提及的「自我說服理論」說明人的反應可以是改變自己的態度，她是一個較溫和反應；但這裡所說的自我防衛理論，則偏向於較激烈的。

　　我有一位同事，現今的名氣非常響噹噹，但當年他堅持買入某檔銀行的股票，購入的數量有可能超過投資要約書上列明的最高上限，而且該銀行當時的前景亦因外圍因素導致非常不明朗，股價極為波動，所以負責風險管理的同事要求我的同事降低持股量，但他卻非常堅持並進行抗爭，最後被僱主解僱。

　　另一個例子是我部門下的一名分析員，他極力向客戶推薦一家投資控股企業的股票，可惜那家企業因為在印尼進行大膽投資，導致現金短缺。在該企業將要倒閉前，我曾多次提出要修改該項推薦，結果該名分析員猛力反抗，甚至越級上訴。最後那家投資控股企業清盤倒閉了，而他亦需另找工作。

　　上述兩個例子說明很多人會為自己的決策而進行較激的保衛行為，最後反而會導致難以接受的結果。

3.10 後悔理論及認知失調
（Regret Theory and Cognitive Dissonance）

　　後悔理論及認知失調理論是認知心理學（Cognition Psychology）學派的理論，與Gestalt學派的「自我說服」理論及「自我防衛」理論差不多，都是研究一般人在犯錯後的反應。在「自我說服」心理下，犯錯者會改變自己的態度而選擇不接受現實；而在「自我防衛」心理下，犯錯者會採用較進取的行為以保衛自己的觀點；至於這裡所說的「後悔理論」及「認知失調」理論也相當接近，前者是盡量避免承認錯誤、而後者則是初採嘗試逃避，但結果始終是逃避不了錯誤時，便去扭曲有關證據。

　　策略員及投資者在股票市場上犯錯的情況是司空見慣的，問題在於犯錯後，犯錯者會採用那種手段來處理。根據認知心理學派，投資者會將錯誤地買回來的股份放在一隅或儘快沽出，以求逃避犯錯的事實（後悔理論），或加碼買入更多股份，目的是以降低成本的方式，以低價買入更多股份，希望股價在稍後會反彈，目的是儘快追回以往的損失（沉澱成本理論）。

　　對策略員來說，當市場走勢與原先預測的不同時，他的反應可能是刻意迴避同一個問題或答非所問，目的是逃避事實（後悔理論）或堆砌其他理由以求開脫，並且盡力挽回已經過去的錯誤。

3.11 框架理論
（Anchoring / Framing）

這個認知心理學派的理論與 Gestalt 學派的知識態度理論相似，都是說明一般人會把資訊分類成所需解釋及可控制的類別。在框架理論，一般人會在分類後，以其中看似正確（注意，我用「看似」一詞而非直接用「正確」一詞）的訊息來制定決策或預測。舉例說一位策略員或投資者在決定應否買入於內地發展房地產的房地產企業時，他大概會把信息分為：內地政府政策、市盈率、股息派發率、每股資產淨值、來年新樓落成量等分類，再從各分類中選出其中一組分類作為決策的依據。由於他所選擇的，可能只根據他過往的經驗認知選擇了曾經是市場最熱門的話題，而非當前最正確的分類。

讀者從上述例子中可以看到在整個過程中，策略員、投資者可能忽視了其他分類的重要性或沒有理會市場是不停變化的，即今天最具影響力的因素並不代表將是明天市場所關注的因素。

3.12 沉澱成本理論
（Sunk Cost Fallacy）

　　「沉澱成本理論」是認知心理學學派的理論之一，主要在解釋一般人在犯錯後的反應，與「自我說服」及「自我保衛」等心理反應不同，後兩者都是傾向於逃避所作出的錯誤，而「沉澱成本理論」認為犯錯者會盡力補償已造成的損失。對投資者而言，就是在犯錯後增加投資，並冀望能夠賺回已損失的資金。

　　這種心理反應非常普遍，我曾經工作過的英國投資銀行霸菱（Baring）就因為一名於新加坡分公司任交易員的同類心理反應影響下而於1995年倒閉。當日該交易員因日本股票下跌，故不停地買入日股的衍生工具，但當日日本股票持續挫落，他唯有加碼買入更多，以冀求能追回之前的虧損。期後卻因神戶地震，日股更大幅急挫，最終導致整家銀行因現金不足而倒閉。

　　對策略者來說，這種心理反應會驅使他們堆砌不同理據意圖掩飾過去錯誤的預測。其實當我們回顧這種心理反應時，並不需要刻意以負面角度來看。因為在很多情況下，投資者或策略員根本沒有犯錯，只不過是市場在短時間內未能有效地反映真實情

況，故此不排除投資者亦有可能藉著這種心理反應而獲取更大的利潤，而策略員亦可在市場賺取更好的名聲。

在詮譯這心理理論時，我們必須審視投資者或策略員原來的理據，若理據是正確的，這心理現象是正面的。當然如果原來的理據是不合理的，這種心理反應就是負面的。

3.13　分離理論
（Disjunction）

　　這個理論解釋了為甚麼很多投資者會在購入股份後，只把股票放於一旁而不作定期檢討，又或者在賣出股份後對同一檔曾經熱愛的股票不聞不問。對策略員而言，有些策略員在作出預測後即不再跟進，心理學（認知心理學學派）對這種行為解釋為「一般人在作出決策後，除非獲得新的資訊，否則會儘量避免再作決策。」其中一個原因是新的決策與原來的決策可能有所不同，甚至有所衝突。在投資領域內，這種心理反應通常會為投資者帶來負面的影響，特別是在多變的經濟環境中。事實上每項投資的價值會受大量因素的影響，Graham及Dodd那種主要集中在潛在價值投資方法，或Peter Lynch那種強調基本市場因素的投資方法在今天看來都已不算全面。假如我們仍只依賴著一種投資分析方法（包括基本分析及技術分析），並以該方法去制定決策，同時又只在有新信息出現時才檢討決策，其成效絕對會是差強人意的。

股票投資智典

分析師及基金經理抽屜裡的私房書

3.14 同化錯誤理論/選擇性接觸理論/選擇性認知理論（Assimilation Error/Selective Exposure/Selective Perceptive）

這三種心理學理論（同屬認知心理學學派）都是解釋一般人如何對待資訊，而這三種處理資訊的方式在投資世界裡又是司空見慣，並可能造成大量的損失。

「同化錯誤理論」是指一般人很容易將所收到的訊息有意無意地解讀為支持自己想法的資訊。原本這些資訊可以是對市場產生中性的效果；舉例說，某企業在獲得較好的溢利後向員工發放較高的獎勵金，部份對後市看淡的投資者或策略員會認為這會導致企業的現金流失，前景不利；但看漲者可能會認為此舉反映企業管理層對前景非常樂觀，而員工在獲得獎勵後會提升工作效率。

「選擇性接觸理論」是指一般人在面對繽紛的資訊時，只會選擇性抽取支持他們決策或意見的訊息。例如，內地房地產景氣報告發表指出全國房地產市場正火熱著，然而個別省份卻因過

熱情況開始浮現房價回落的趨勢，按這個選擇性接觸理論，有部份投資者或策略員只會接收關於市場火紅的訊息，導致買入更多內地房地產企業股份。但另一些卻只會著眼於那些房市過熱的省份，結果遠離這個市場。

「選擇性認知理論」與「同化錯誤理論」十分相似，都是將資訊作錯誤解讀，目的都是使該等資訊看起來是支持解讀者的想法或決策。選擇性的意思是只將部份資訊錯解，而非將所有資訊全面錯誤解釋。上面的例子正好是解釋了部份投資者或策略員選擇性地將個別省份的過熱情況解讀為全國即將會採取緊縮的宏觀論調。

這裡我並不是指一些有能力「見微知著」的投資者或策略員犯錯，我只不過是透過闡釋這些心理現象以揭示為何大部份投資者或策略員會犯上述錯誤而導致損失。

3.15 後見之明理論 （Hindsight Bias）

　　在過去數十年，全球經濟波動實在比過去為多，我想最主要的原因是金融產品趨向複雜化，加上各國經濟互相影響。我們很多時看見一些策略員或投資者炫耀著當年他們是如何能夠逃出某個金融危機，彷彿他們就是當年風暴的唯一生還者。但在預測將來市場走勢時，又未見他們有很大的準確度，這個心理學理論就是所謂「後見之明理論」，就是說投資者或策略員往往會高估他們能夠預測過去事件的能力，由於事件發生後，更多信息已被發掘及報導，故我們會較容易分析及解讀過去發生了的事件的始末原因。故此一般人都會認為自己有好的預測能力，這種心理現象在投資市場屢見不鮮，根本就不足為奇。

第四章
主要的投資方略

　　投資方法有很多，有進取的、有保守的；進取的願意以高風險換取高回報，保守的儘量避免風險，在某層面上，不同的投資方略像是對普通投資者沒有甚麼關係，因為無論採用甚麼方略，投資者的目的就是獲取利潤，但事實上，認清投資的類型與特性對股票投資有莫大幫助。

　　首先，當證券經紀競爭激烈的今天，他們會每天向客戶推介不同的股份，例如，某採用保守方略的投資者當每天收看經紀的來電推介並常被促銷購買高風險高回報的股份，即使不一定會帶來損失（因為錯買了沒有配合投資方略的股份），但亦會浪費雙方時間，如果投資者在選擇經紀時就說明自己的偏好策略，對證券商分配經紀也有好處。當我為客戶管理資金時，就曾有一名經紀不停向我推介一些不合基金章程要求的投資產品，而被我將他的名字從經紀名單移除。

　　其二，瞭解自己的投資偏好，可為他們集中精力及迅速地去研究及發掘出合適的股份，因為很多股評人及報章都有按分類將資料傳遞。

　　其三，對於一些希望聘用專業基金經理的投資者來說，認清各種投資方略更為重要。在財富管理市場上，基金經理委實不少，他們一般都會清楚說明他們所採用的投資方略，不管好壞，投資者大多能夠對號入座，否則便會發生類似進取者錯誤買入保守型基金等事情。

　　其四，認清投資方略可以方便投資者安排合適的投資組合，一個理想的投資組合在分散風險的原則下應納入不同風險程度的股份，投資者在理解自己的投資方略偏好後，可以酌量加入不同風險程度的股份以求平衡。

　　在這一部份，我會為讀者介紹市場常見的15種投資策略，它們亦是不少基金公司給自己的分類。我無意指出那一種方略較優，因為在投資世界裏根本就沒有最好的方略，我確信不同的方略會適合不同性格及風格的投資者，但它們之間是沒有「最好」或「最壞」，因為我相信「最壞」的早已被淘汰。

主要的投資方略

1. 高風險的「急進增長法」（Aggressive Growth）

2. 機巧的「可換股工具套戰法」（Convertible Arbitrage）

3. 轉危為機的「危機股法」（Distressed）

4. 機會主義的「機緣投機法」（Event-driven）

5. 股市中獲勝的「收入法」（Income）

6. 充滿信心的「持貨(又稱多頭)投資法」（Long Only）

7. 靈活走位的「多空(又稱沽空)投資法」
（Long/Short Hedged）

8. 眼光高遠的「宏觀投資法」（Macro）

9. 不偏不倚的「中性市場投資法」（Market Neutral）

10. 出入頻仍的「市場時機投資法」（Market Timer）

11. 蘋果堆中尋找機會的「類比價值投資法」
（Relative Value）

12. 股友殺手「沽空法」（Short-bias）

13. 眾裏尋她的「小型企業投資法」(Small / Micro Capitalization）

14. 科學化的「量化投資法」(Quantitative)/
「統計學套利投資法」（Statistical Arbitrage）

15. 偉哉的「價值投資法」（Value）

4.1 急進/進取投資法
（Aggressive Growth）

　　這是市場較多採用的投資方法，主要是買賣一些「高市盈率、低股息率」的企業股票。

　　揀股對象與價值投資者不同，專找高市盈率、低息率的股票。企業股票的市盈率能夠表現較高，是反映市場相信這家企業的盈利增長較快，在可見的將來，股價會上升，所以投資者不介意付出較市場平均價值為高的代價（溢價）去購買。由於高速增長的企業通常都是一些中小型企業，所以投資者選擇的都是一些中小型企業股，而鮮見有藍籌股，因為藍籌股一般的發展都是已經成熟，業務及市場都會相當分散，能夠出現高速增長的機會不大，相反中小型企業由於經營的業務及行業相當集中，只要所選的股票當中有出現業務突飛猛進的，企業盈利便會有相當的增長，投資自然會有相當的回報。

投資方法：

主要有兩種投資者會選用這種方式投資 ：

1. 類似「持貨投資法」，進取投資法的使用者一般會買入股

票後一直持有，直到股票失去上升動力或上升動力停下來，便會即時沽出。股票沒有上升動力代表企業的盈利不再，投資者選擇這種投資法就是看好企業的盈利前景。

2. 對沖基金經理常會選用，由於基金會不斷買入高增長的股票，為了減低風險有必要採取對沖，他們亦可能會沽出股票期貨作對沖，以防萬一真的遇上股價下跌，亦可以減少損失；另一種避險方法就是沽空同類型股票。

投資者性質：

追尋高增長的投資者和一些高風險的對沖基金都會採用這種投資方法。

缺點：

1. 「高風險、高回報」，由於投資者發現有迅速增長潛力的行業或企業時，股價可能已經是相當昂貴，萬一該股票的上升動力和盈利增長並不是預期般樂觀，都會令股價突然大跌，這種方式不宜小投資者使用，因為他們沒有足夠資訊可以判斷企業未來的增長可能。

2. 企業盈利表現高增長是沒有保證的。高增長可能只是短期性的，特別是週期性的行業令有些企業在短期內表現特別高速增長，例如：科技、生化、和藥品股等，它們的盈利增長未必能維

持，假如投資者瘋狂購入便會導致後來損失。

3. 由於目前市場的透明度已相當高，當投資者發覺有企業業績會大幅增長，其他投資者亦會加入爭奪股份使股價上升，迫使要付更高的溢價購入股票，導致投資者獲利的幅度有限。

4. 由於使用這方法的投資對象都是中小型企業，這類企業的風險相比藍籌股為高，所以是一種高風險的投資方法。

4.2 可換股工具套利法
（Convertible Arbitrage）

　　這方法是利用不同可換股工具來進行套利，例如可換股債券或票據（Convertible Bonds／Notes），認股權證（Warrant）及股票期權（Share Option）等。套利的方式是買入可換股工具，然後按既定的換股價換取普通股份，並馬上將新換取回來的股份在市場按市價出售套現。這既定的換股價必須遠低於正股市價，而套得的現金額必須高於購入可換股工具的費用及換股費用。通常各可換股工具的換股代價與正股（普通股）的價格相差不遠，套利機會只會在偶然機會出現。由於個別市場會有不同的參與者，而這些參與者又會因不同因素而進行買賣，導致各市場在短時間內產生不同的「供應、需求」現象；亦由於市場有各式各樣的套利活動，故此可換股工具的價格在短時間內便會回復至正常市價，所以說套利的機會只會產生於瞬息之間。

　　可換股投資法亦可歸類為「中性市場法」（Market Neutral）。

優點：

此法的最大優點在於它的可預測性，因為可換股工具的價格、換股價及正股價在極短時間內均是固定的，故此可以預計套利活動所帶來的利潤。

缺點：

但其缺點則包括以下各點：

1. 我在上面曾經多次提及時間的重要性。由於市場充斥大量機會尋找者，套利機會只會在短暫的時間內出現，故此，一般使用這方法的投資者都是專業的投資者，他們無時無刻地搜尋機會，一般缺乏市場資訊的投資者較難參與。

2. 套利的機會多是在不同市場產生，例如可換股債券的套利機會會同時出現於債市及股市，投資者必須在不同市場有足夠資訊。

3. 套利通常要求較大的投資額，因為各工具的差價未必非常巨大，加上買賣費用等雜費開支，套利成本會較單純股票投資為高，這亦說明為甚麼這種投資方法較多為機構性投資者所採用。

4.3 危機投資法
（Distressed）

　　當一家企業在處於危機時，市場會不理智地大量拋售企業股份，往往導致股價低於其實質價值，投資者便會趁機買入股票。採用此方法的投資者會專找一些面臨破產或者是需要進行改組的企業股票或債券進行投資的投資者。

　　香港較少投資者採取這種投資方法，外國則較多；因為外國投資專家或企業改造專家會將面臨破產的企業，利用一些財務技巧重新整合試圖解決危機，或將一些需要重新整合的企業進行改造，例如將無盈利能力的業務出售，這需要投資者對企業很有研究和認識。危機投資者會買入此類股票，待企業改組成功或市場氣氛改善等轉機出現，股價上升時便出售圖利。如果投資者事前不作足夠研究便貿然買入，風險便很大，小型投資者未必有實力應付研究的需求。

缺點：

1. 如果改組不成功，企業最終破產，會令投資者的投資全

軍覆沒,徹底失敗,是絕對高風險的投資方法,當然如果成功的話,利潤會相當豐厚。

2. 這市場非常狹窄,當一家企業面臨倒閉或需要改組,很多投資者都不會去對他們進行研究分析,即使企業願意改變,亦未必會有足夠的投資者願意即時入市,對購入股票的投資者來說亦很難將股票在短期出售套現。

3. 企業即使改組成功,管理層都與之前大為不同,將來企業業務亦會截然不同,故這是風險頗高的投資法。

4.4 機緣投資法
（Event - Driven）

　　投資決定取決於市場有沒有特別的機會（機緣）可供利用來賺取利潤，它是簡單而被動的投資方法，只能等有事件發生才有機會進入市場或者是沽空股票。此類型投資的基金通常持有較多現金，因為機會不常有，但當機緣出現，基金經理會花費大量現金，甚至利用借貸來進行投資。

　　機緣（Event）泛指市場一些偶然發生而且會導致股價波動的特定活動，其中可能包括：

　　最常見的機緣是收購與合併等活動；

　　同行業或板塊有其他的企業以特別高的招股價上市或發行新股，令整個行業或板塊內其他股份的相對股價都跟隨被調高上升；

　　市場中某行業發生突變，例如某地方發現石油，如果有特定企業在那裏進行油田開採，投資者會專找這類企業股票來投資，希望在一段時間內突然有盈利增長；

沽空股票亦是這種投資中的常見策略，舉例說，當一家企業在沒有預警的情況下宣佈盈利會有明顯的倒退時，投資者會在市場未完全消化該消息前大量沽空股票以求獲取利潤。

缺點：

1. 投資被動，因為機會不是常有，即使等到，也會是轉瞬即逝。像筆者的一次經驗，某家在美國上市的日本企業，由於日本的同系企業要清盤，連累該企業在美國上市的同系企業股價也受拋售，因為市場擔心清盤行動會牽連這家在美國的同系日本企業，所以該日資企業在美國的股價跌得很厲害，但後來查證發現這兩間企業除了名稱共用外，企業帳目是完全獨立分開的，前後時間只相距兩個小時左右。像這些機緣巧合的投資方法，時間和空間都很有限，必須要時常留意機會，還要即時作出反應，是一般小投資者較難利用的。

2. 當特別事件發生，這類股票的投資者要立刻進行很多分析，才知道是否值得投資，像上述例子，投資者很快發現該兩企業是無關的，如果投資者不知有此關係便會很容易導致投資失誤，所以此投資法需要大量資訊供投資者在短時間內作出判斷。

4.5 收入投資法
（Income）

　　這方法是指一些投資者在投資時是追求一定的固定收入，特別是股息或債券息口回報，而不管股價的上升或是下跌，故股息率或債券息率為最重要的考慮元素，所以稱為「收入投資法」。

優點：

　　1. 不管股價上升或下跌，只要企業業務理想，可以有較佳的回報，基本上投資者可以收息便已經叫做投資成功了。例如：香港的收租股，每年的盈利增長少，但每年派發的股息都很不錯，有些高達7%至8%，容易吸引收入投資者使用這方法投資。

　　2. 投資者收入的是現金，當市道不佳時，這是實際收益而非帳面收益，故它是市道不景氣時的最佳投資方法。

缺點：

　　1. 派高息企業的股價一般是缺乏上升動力的。由於企業會將較大部份的營運收入以現金方式派發與股東，再投資額不會太大，導致盈利增長速度不會急速。在缺乏利好消息的情況下，一般股價都不會大幅上升。

　　2.　市場上是有高派息率的企業，但這不絕對保證穩定獲利。即使企業過往是持續派發高息，這並不表示這企業在往後的日子會堅持派發高息，因為派息政策會受多種因素所影響，例如市場轉變、企業決定參與一個投資項目或其他競爭對手加入等原因。事實上，在市場上根本沒有一家企業會承諾永遠派發穩定的股息。台灣股票就是一個有趣的例子，過去大部份上市企業會派發高息，因為部份股息是用作員工獎金。當時，台灣股票投資市場是以收息為主之投資者天堂。但在幾年前，以股代獎金的會計制度被改後，情況不再。

4.6 長期持有（又稱多頭）投資法
（Long-Only）

　　長期持有（又稱多頭）投資法是指投資者會購入股票作長線投資，即使股價在短時期出現波動，他們都不會隨便沽出股票，除非股價在長遠來說已經沒有上升空間。這種投資法最立竿見影的好處是節省買賣佣金。長期持有（又稱多頭）投資法多為「單位信託基金」及「互惠基金」所採用，部份「對沖基金」亦會採用，主要分別在於投資工具：前者通常只限於普通股份，而後者則可投資於普通股以外的衍生工具，如認股權證及可換股債券。

　　一般來說，長期持有（又稱多頭）投資者只會選擇優質的股份，因為這些企業業績在理論上會有長線而且穩定的增長，在選股的時候，投資者即使找到一些可能會下跌的可能性，他們也不會隨意進行沽空。

　　長期持有（又稱多頭）投資法最重視的是選取高質素的股票，故此，投資者需要進行深入的投資研究，事實上亦需要建立自己的研究部門。除了一般的財務、市場分析及估價外，長線投資者亦會看重管理階層的素質，原因是企業的長遠發展是建基於管理

階層的決策。假如質素欠佳，企業將不能順利發展，很多長線投資者更會經常探訪管理階層以獲取更多企業資料作參考。

缺點：

當然，長期持有(又稱多頭)投資法亦有其缺點：

1. 長期持有(又稱多頭)投資法並不靈活。特別是當整體市場正進入熊市（空頭市場）時，因為投資者不作沽空，又或者投資者在市道欠佳時根本不會作任何投資。

2. 在股價波動頻繁的時候，嚴守該投資法可能會使投資者失去套現獲利的機會，因為外在因素可能會使股價在短期內大幅飆升至超買的情況。

3. 即使長線投資者認定目標企業的股價未來會有長遠的升幅，但投資者在購入股份時目標企業的股價根本已經過高，故長期亦未必能為投資者帶來收益。

4. 股價與實際價值有明顯分別，這並不表示股價會很快回升至實際價值水平。優質企業的股價是極有可能長期處於低殘的水平，除非我們可以肯定 「催出者」（Catalyst）會在不久的將來出現。

4.7 多空（又稱沽空）投資法
（Long/Short Hedged）

　　又稱鍾斯模式（Jones Model），指一名投資者同時買入及沽空股票來賺取利潤，與單是採取沽空的投資者不同，變化較多。因為當投資者看見股市上升時，可以買進股票，及將一些股票進行沽空，由於它們是同時進行，投資者有時是不會理會整個股市走勢，只要有一檔股票有上升或下跌空間就可以進行買賣，有時可能是買入大部份的股票而只有小量股票沽空作對沖；也可以靈活地買入少量股票而沽空大量股票，手法靈活多變。

　　對於多了出來的剩餘持倉（Net Position），當持貨多於沽空時稱淨持好倉（Net Long）；相反地，當持貨少於沽空則稱為淨持淡倉（Net Short）。這兩種情況都會出現，無論市道好壞都會有優勢，都可以有賺錢機會，這種投資法在歐美及日本非常流行，好處是投資者根本不會理會市場是好或是壞，只要知道每一檔股票的實質素質便可以進行投資，毋須理會宏觀經濟環境，非常靈活。

在實踐中,長短基金經理多會以150/50組合或120/20組合方式運行。所謂150/50組合方式是指基金經理在組合中,最多持50%的短倉,而保持組合為100%,他可額外多持50%長倉,即組合中有150%的長倉,50%為短倉。這策略一般用於市道欠佳時。 在市道轉好時,基金經理多會採用120/20組合,即20%為短倉,120%為長倉。當然,在市道極佳時,基金經理或會採用130/30組合,即長倉增加至130%。

缺點:

1. 純靠投資者的經驗。由於同時進行買入和沽空,所以投資者必須投入大量資源對之進行長期而深入的研究,並對企業非常熟悉,否則買多或者是沽空多了都會造成損失。

2. 靠投資者非常主觀的決定去作投資,與單方面是買入或者是沽空不同,因為買入股份而價格下跌,最大損失也只是買錯了股份,輸的只是單一面。但如果是同時看錯了市勢是上升或下跌,那便是雙重損失,需要投資者迅速作主觀判斷,但背後又要有客觀的分析,本投資方法不適合一般散戶採納,只適宜大型基金採用。

4.8 宏觀投資法
（Macro）

　　宏觀投資法強調的是全球宏觀經濟情況。投資者會按市場的經濟情況來決定入市及出市時間，亦可能會買賣不同的金融產品，如債券及不同的衍生工具，貨幣工具的使用亦頗為普遍；故投資者通常只投資於質高而且有足夠成交量的金融產品，宏觀投資者甚至會放棄購買股票而只投資於指數的衍生工具，這個投資法充分反映了「覆巢之下無完卵」的道理。

　　這個投資法頗為合理，喬治亞州大學的Bragg於1986年研究了美國75個經濟週期（Economic　Period）及18組經濟數據後，出版了《Protecting　Against　Inflation　and　Maximizing　Yield》一書，他在書中認為每個經濟週期約為2.5年至10年，普遍為5年，而每個經濟週期包括四段時期：時段A為期約1.33年、時段B約為1年、時段C平均為1.8年而時段D為0.9年。這些週期會周而復始地不停運行。在不同時段，每項經濟指標表現差異很大，他特別指出債券與股票的表現有明顯不同，為方便參考，筆者以Bragg理論製成下表，讀者可自行參閱。

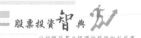
表.4.1：經濟週期現象與資產表現

		時段A	時段B
市場氣氛		• 持續悲觀。	• 樂觀情緒開始超過悲觀情緒。
經濟現象		• 市民普遍認為「貧窮時期」（Poor Times）會持續； • 生活水平下降； • GNP增長緩慢； • 貨幣供應增長溫和。	• 通貨膨脹率持續縮減，或會有通貨收縮情況。 • GNP增長變為負數。 • 貨幣供應持續表現溫和。
利率走勢		• 真實利率出現負數。	• 真實利率開始轉為正數。
投資工具	債券	• 長債表現欠佳，回報率（Yield）趨於0。	• 長債表現令人歡喜，產生新回報。
	股票	• 大部份股份價格向下滑落。	• 普通股份股價表現理想，有可觀回報。
		時段C	時段D
市場氣氛		• 樂觀氣氛持續。 • 普遍認為「好時光」（Good Times）持續。	• 悲觀情緒開始超越樂觀情緒。
經濟現象		• 生活水平標升。 • 低通貨膨脹。 • GNP高速增長。 • 貨幣供應高升。	• 生活水平持續上升，但較時段C為低。 • 通脹率攀升。 • GNP持續上升，但較時段C的增長較緩慢。 • 貨幣供應持續上升。
利率走勢		• 真實利率達高峰。	• 真實利率趨跌。
投資工具	債券	• 短債出現低回報。 • 長債仍有溫和回報。	• 短債表現漸佳。 • 長債表現不理想。
	股票	• 股價一般持續產生可觀回報。	• 股價普遍地表現開始不濟。

• 取材自 John M. Bragg, 1986, Protecting Against Inflation and Maximizing Yield, Georgia State University Business Publishing Division.

缺點：

1. 利用宏觀投資法的投資者通常會投資不同市場，如債券、股票及外匯等，故此對每一個市場均需有深入認識，因為每個市場都有不同的特色及風險特質，一般投資者不容易掌握。

2. 投資者可能會利用市場中成交量最高及質素最高的股票作為股市市場的代表（Proxy），但各企業畢竟有其不同的風險因素，企業的實際表現大有可能跟市場完全脫節。

3. 判斷經濟循環的長短是非常主觀的，事實上學者對經濟週期的長短亦頗見分歧。

4.9 中性投資法
（Market Neutral）

投資者會在市場上，同一時間買入及沽空等值的同一類股票，兩者的比例必須是相同，因為目的是進行對沖，所以又叫對沖法。投資者利用這方法的原因是「當他們對市場沒有一個明確方向時，為了達到保本目的，就是保持資金量而進行對沖」。在操作上，長倉中的股票與短倉中的股票的關係在過往歷史上的相互關聯（Correlation）不高，因為高關聯的股份大都會同時漲跌。

在實踐上，這方法是可用等值的股票進行對沖，例如房地產公司股票，投資者會買入一兩檔房地產公司股票後，同時在市場上沽空等值的其他房地產公司股票進行風險對沖。如果房地產公司股票波動大的話，投資者兩邊都可以能獲利，又達到對沖目的。或者利用指數期貨對沖，例如投資者買入兩檔銀行股，便會沽空指數期貨（簡稱期指）進行對沖，將風險盡量降到最低。

特點：

無論是用股票或期指進行對沖，所使用的工具必須與原來作買入的工具是沒有相互關聯（No　Correlation），或是關係極微，

即是要買空沽空的工具兩者間過去沒有相同的走勢。根據以往紀錄，當買入工具上升時，所揀選的沽空對沖工具必須是處於下跌，最多是不變，絕對不可以是上升，這是選擇對沖工具的必須條件。

這是一個非常保守的投資法，但投資者可以考慮利用槓桿原理（Leverage）去擴大回報，利用孖展（融資）買入其中部份收益較大的股票。

中性市場投資法與多空(又稱沽空)投資法比較：

「中性投資法」的投資者不會對市場作任何判斷，只會是保持投資工具，不斷地對市場進行適當的對沖，而不會對市場的轉變進行加或減投資比例；而「多空(又稱沽空)投資法」講究的是投資者主觀的判斷。以長短倉組合來看，「多空(又稱沽空)投資法」可包括150/50組合，120/20組合及130/30組合等方式。而「中性投資法」中，組合會50/50，即50%為長倉，50%為短倉。

缺點：

這方法看似很低風險，其實還是有風險存在。

1. 由於每一項投資都需要進行對沖，所以總是一方表現賺錢，另一方面則出現虧損；這方法很容易達到保本，但不易在短時間出現可觀盈利。

2. 因為投資者在進行投資時是同時間進行買入和沽出股票或期指，這涉及兩套的投資成本，所以投資成本高。

3. 這方法規定所揀選的投資工具要在過往歷史上沒相互關聯或低關係，但這關係可能會隨時間而發生變化，例如政策轉變，令所有工業的股票出現同時上升或下跌，這便會有可能導致投資者出現較大的損失，所以買賣投資工具間的所謂「關聯或關係」只能作參考，卻不是最理想的選擇工具的指標。

4.10 市場時機投資法
（Market Timer）

指投資者按不同的經濟及市場展望去改變投資品種。

與機緣投資法比較：

兩者看似相似，因為兩者都很重視「市場時機」。「市場時機法」側重市場經濟前景去尋找投資品種，例如高息時投資債券，低息時投資股票，靈活地在不同市場尋找機會，如果能準確地掌握到市場變動作為出市及入市時機，便可帶來豐厚利潤；投資對象不限於一個市場，投資較主動。但「機緣投資法」則只集中一個市場，靜候機會，所以較為被動。

入市投資考慮因素：

利率波動，因為它會直接影響股票和債券價值。

經濟增長，有些行業在經濟不好時卻表現異常好景，像一些低成本的產品。例如在經濟低迷時，快餐業表現會遠較高檔產品優勝。

通脹率，亦是較多投資者考慮的因素及市場指標，因為會影響消費意願。（投資者可能還有其他考慮因素，此處不贅。）

缺點：

1. 採取此投資法須具備宏觀前瞻性，必須對本地及全球的經濟及金融走勢有非常清楚的深入了解，適當時作出合理估計，因為萬一估計或判斷失誤而錯失了投資機會，或錯誤地轉移了投資行業對象和時間，便會導致損失。

2. 投資者由於要涉獵多個市場，包括債市、股市，甚至外匯市場，還要對每一個市場清楚認識，單憑能在同一時間進出每一個市場的雄厚能力，便非一般投資者所及，所以只有大型投資者才可以採取這種投資方法。

3. 投資者很難判斷短期波動是否代表市場整體經濟氣氛改變，有時市場會因一個突發事件而令市場變得不穩定。例如兩個大國在政治上有所爭拗，便會令股市出現突如其來的變化；一旦政府採取短期經濟措施，很容易導致投資者作出錯誤解釋、判斷而改變了投資策略，而從一個市場轉到另一個市場、或從一個行業轉到另一個行業等等。

4.11　類比投資法
（Relative Value）

　　類比投資法的運作頗為簡單，投資者只需在市場尋找相對便宜的股份。譬如：當大部份的房地產股份都同時以15倍市盈率作價，但某房地產股票卻徘徊在10倍市盈率附近，則反映該股份可能是被市場遺忘了。一旦被有能力的投資者發現，該股份大有可能在中短時期內回升至市場同類股份的價格水平。同樣，當某股份A的股價明顯地較市場其他同類股份為高時，A股價便大有下跌的可能。

　　有些類比投資法在作比較時，不以市場其他同類型股份作比較，而是以它過去的價值水平作為比較基準。這個方法會有較多的錯誤，因為市場的風險因素是變幻不定的，某些因素亦可能隨時間消散，永遠不會再出現，故用此類比方法（同企業不同時間的股價）的情況較少見。

　　在解釋這投資法時，我特別強調的是「同類股份」。由於每個行業的特質及風險因素均有所不同，我們根本很難去比較不同行業的股價。

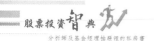

缺點：

類比投資法的最大優點在於其簡單及易用，但這方法亦存有不少缺點及值得注意的地方：

1. 個別企業的市價受多項因素所左右，某些因素會長期導致股價偏低或偏高，舉例說：企業長期分派高息，但在缺乏資金時又會進行供股或批股，這會影響投資者的信心。除非該等因素突然消失，否則個別股份會較同行業企業的股份長期偏低，所以在運用這投資法時，投資者必須注意股份在過去的方差（Variance）表現，只有突變時才是買賣的時候。

2. 通常類比系統只能比較單一或有限的參數，無可避免地產生「以偏概全」的現象。理論上，投資者在進行投資前必須多角度地評估企業的質素。

3. 個別股份的價格與其他同類股份價格出現相差的情況可能會有增加的，當中可以由數個截然不同的原因所引發：

A. 個別企業的質素突然大幅改善或變壞；

B. 市場因某些原因而錯誤評估整個行業的價值時，但一些個別企業則可能因個別原因而能夠保持不變，航運業不景氣時，個別公司可能已簽訂長期租約而不受市道影響；

C. 純技巧因素而導致股價突變。在這些情況下，這個類比投資法可能會導致投資失誤。

4.12 沽空投資法
（Short Bias）

　　投資者主要是找機會進行沽空股票，將股票作為沽空的投資工具，它與持貨多頭投資法剛好相反，後者是要在市場挑選質素好和健全的企業作長線投資，等候資本增值（Capital Appreciation）。但「沽空投資」是要在市場找質素突然變壞或漸漸變差的企業，在市場尚未察覺前先行將其股票進行沽空，等它正式為市場知悉狀況已經惡化，才低價在市場購回平倉賺取利潤，這種投資法當然是有一定風險的。

　　這方法投資獲利原理是「投資者先在市場借貨沽空股票，當股票下跌到某一水平時，購回該股票平倉，利用差價賺取利潤」。

　　一般來說，股價下跌的原因包括：

　　1. 基本因素突然變壞包括像市場有新競爭者加入、管理層變動或者是盈利改變，帳目有不尋常變動、或前一段時間過度上升等。

　　2. 非基本因素包括其他市場因素，例如某類股份全體上升，股價過度高估，當市場冷靜下來時，股價回落都會是導致股價突

然大跌，還有些是市場情況引起的因素，例如大股東沽貨套現，在供過於求的情況下也會令股價下跌。

缺點：

1. 投資者採用這方法是毋須對整體市場有較大概念，但對不同行業或企業卻要有較深認識才可應用它。由於沽空股票必須在企業股價下跌前進行，故要非常小心。如果判斷錯誤就會帶來新的損失，而且如果沽空的股票短期內不下跌的話，亦可能會招致損失，因為投資者要股票下跌才會獲利。

2. 即使股票股價有機會下跌，也可能因股權分佈不平衡，令股價表現牛皮（不下跌的膠著狀態），甚至因為供求不平衡，導致股價不跌反升，為投資者帶來無限損失。

3. 面對市場流通量的問題，大致與多空（又稱沽空）一樣，就是當大量沽空時，必須要考慮市場流通量在稍後時間能否在市場補回股票平倉呢？事實上可能不易，所以某股份質素下降或將近下降，投資者必須要肯定市場有足夠的成交量可以讓他沽空及稍後時間在市場可以補回，否則隨後有可能被人挾空倉而引致更大的損失。

4. 由於市場上找機會投資的人很多。其他投資者也可能察覺，亦可能同時進行沽空，因此投資機會（Window of Opportunity）可能在很短時間突然出現，又很快消失，以至於投資者有時很難參與。

4.13 小型企業投資法
（Small/ Micro Capitalization）

　　「小型企業投資法」顧名思義是指投資者只集中投資於小型企業，曾幾何時這成了一種在歐美非常流行的方法，其最大優勢是善用市場的寬度。

　　雖然股票市場參與者不少，但其實大部份投資均集中於優質而且市值較大的企業，因為這些企業的控管較透明，投資者較容易獲得有關資訊，故此投資風險會相對地較其他企業為低，但正因如此，這些企業的股價往往能夠充份地反映上市企業的實力及風險，卻也說明了投資在大型上市企業的回報不會太大。

　　投資者選擇投資小型企業股票則有所不同，因為市場參與者很多時候會忽視這些企業，導致這些企業的股價長期偏低，或股價遠低於企業應有的價值，假如投資者能夠在眾小型企業中找到高質素的、或股價有上升潛力的企業，投資者絕對可以獲得非常巨大的利潤。小型企業投資法與進取型的投資方法略有不同，前者著重企業的基本因素（如財務實力與市場定位），但後者則較偏重於各股票的技術走勢及市場短暫的供求形勢。再者，小型企

業投資者多採用較長期的投資方針，他們通常能耐心地等候市場對該等小型企業改觀，等候期有時可以長達5年以上。

缺點：

雖然小型企業投資法可以為投資者帶來豐厚的利潤，但亦可帶來災害性的損失。

1. 由於市場分析員較少對小型企業進行分析研究，傳媒亦不會關注報導它們，故此投資者較難獲得目標企業的資訊，直接增加了投資的風險。

2. 小型企業的市值（Market Capitalization）一般較為細小，換言之，股份的成交流通量亦非常有限，因此投資者在買入時可能要付出溢價（Premium），因為股價會在需求突然增加時短暫地被提高，而在出售時可能需要以折讓價出售，從而縮窄了投資的中間利潤。

3. 有些小型企業的成交量長時間偏低，即使投資者願意增加購入也未必能夠在市場買入所需股份數量，即所謂「有價無市」。

4. 由於小型企業市值低，較容易被市場「莊家」操控，股價未必能夠長期反映企業本身的真正價值。

4.14 量化投資法（Quantitative），又稱統計學套利投資法（Statistical Arbitrage）

在2007年8月前，這些一套炙手可熱的投資方法，有人甚至歸咎這方法就是引致2007年至2008年間年全球金融泡沫爆破的元兇之一。Scott Patterson 在近期出版的"The Quants: How a small band of maths wizards took over Wall Street and nearly destroyed it."（Random House Business Books, London） 對這方面深入探討。該書可讀性高，讀者不妨一讀。這種投資法是投資者利用統計方式去計算股票的價格漲落情況，追尋短期盈利的方法。一般採用這種投資法的投資者都認為股價上落是可以用數學及統計學的理論去解釋；他們會首先是利用股票長時間上落的歷史去引伸出甚麼原因令股價上升或下跌，從而推論這些原因再次出現時，是否成為誘發因素，導致股價再度上升或下跌。

在運用此技巧時，用者除考慮一家企業的基本因素外，亦同時顧及市場風險情況，包括政治形勢，將這些因素也一併作數量化計算。當然，亦有一些根本不考慮公司的基本因素。

缺點：

1. 統計學純粹是根據歷史資料告訴大家這檔股票在過去的表現是與甚麼因素掛鈎，純粹是一種「向後望」的方法。但從投資角度來看，投資者該是向前看的，所以統計學理論上是跟傳統的投資理論相違背。

2. 一個在從前是可以用來解釋得到股價上升或下跌的因素，在今時今日或不久的將來卻未必能夠再用來作解釋，因為市場是不斷變化的，新因素出現影響股價上落，而這因素在以前的統計學上是未曾出現過的。我們很難再用以前的統計結果作為決定買賣的標準。

3. 統計學其實是一門精密的科學計算，但究竟應該用甚麼方法去計算呢？迄今未有定論，可能有些投資者會用線性回歸法、又有些會用時序（Time Series）等不同方法去找尋統計意義，可惜市場迄今仍未有完整方法或者是大家有共識的方法去處理計算。如果市場各方用不同方式去推論計算，不但會導致結論有可能不同，亦會導致市場不能出現自我實現的情況，這就是它的風險所在。

4. 量化投資會涉及大額短期操作，在執行時風險極高；

5. 在執行買賣時，程式買賣系統的使用非常普遍，故不時出現市場不理性的表現。

4.15 價值投資法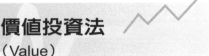
（Value）

　　這種方法是指投資者專門找尋一些他們認為目前市價遠低於該家企業實質價值的股票，出現所謂被低估市值的股票（Bargain Stocks）。

　　採用這種投資方法的投資者一般會認為造成股票市價被低估的原因可能是：

　　該企業所屬行業是方興未艾，較少分析員或投資者留意及肯去參觀和進行分析，在這類企業在它們的潛能未被發現前，是最佳的投資機會；

　　股價低於股價估值，可能因為它是一個市場的新進入者，分析員或投資者未有時間對它們進行分析和研究，而令它們被忽視；

　　該企業位屬於冷門行業，投資者對該行業並不認識；

　　以目前企業資產或盈利計算，公司規模不大，不能引起分析員所關注；

　　公司在交易所的成交量不大，沒有活躍股份般耀眼。

特點：

1. 這種投資方法強調的是長時間、忍耐、和很有紀律的投資者才可選用和做得到。

2. 投資者不要理會短期的股價波動，由於市場是會不斷波動，應將這些短期波動置諸腦後，不要受市場氣氛隨便改變自己的投資策略。

3. 必須容忍一些短期因素突然改變，要堅定不為所動，也不要因為短期波動而將股份賣出買入。

4. 一定要有紀律性，當發現一間企業的質素真的好到值得投資，就要維持購買的信念，繼續持有，不要隨便受市場氣氛而改變投資策略。價值投資是在1930由Graham 及 Dodd提出和高舉，他們揀選投資項目所選用的最重要指標是市盈率，看看市場上那家企業在同行業中的市盈率表現特別低，便決定應該買下去。而當我們進行研究發覺它們確實是好企業時，也就應該繼續吸納和持有下去。

缺點：

1. 即使一家企業的質素有多好，股價長期偏低，這並不代表它會在短時間或在可見的將來會回復到合理水平，原因是一家企業的股價升跌波動可以受很多短期因素影響，即使我們定下了長期目標，由於這些短期因素導致波動，還是會令股價有不同的表現。

2. 當我們決定一檔股票的實質價值時，我們要對該企業股票進行估值，股價估值本身已經是一個技巧（本書已有另文詳細介紹），市場發展到今日，確實尚未產生一套完美的股價估值系統。試想用不同技術、不同模式去找一個數字，期間的不精準與重大誤差是可以預期的，我們連最實際重要的數字都不能肯定，就更難肯定股票何時甚至會否回復真正水平，這是一個極大的缺點。

3. 市盈率是很多價值投資者的主要選股工具，但市盈率其實可以是反映市場對有關企業的長期盈利的預測，為甚麼市場會對某目標企業股價及業務前景有不同看法和保留呢？因為不是每個投資者都有足夠知識去認識有關的企業。假如一名價值投資者沒有足夠資料支持他相信某檔股票的價值何在，就很容易掉進一個陷阱，因為單憑大家對該企業的盈利估計，卻忽略其他因素的改變也會導致企業股價長期低迷，所以純用市盈率量度目標企業的價值是否被低估，這是很危險的動作。故此這方法雖然很多人使用，但未必是最好的投資方略。

　　時至今天，Graham的價值投資法仍然是很多基金經理所樂於宣揚的投資方法。事實上，不少大型及歷史悠久基金公司都利用此方法連續多年佳績。而Graham及他的學生Dodd所著的《證券分析》（Security Analysis）一書亦於世界各地長年高居暢銷書書榜。我的建議是在翻閱此書時也要同時參閱由Janet Lowe 所編的The Rediscovered Benjamin Graham: Selected Writings of the Wall Street Legend（由John Wiley & Sons, Inc. 出版）。該書收集Graham晚年的訪問稿及上課講稿等；其中的Current Problems in Security Analysis（紐約財經學院上課稿）及The Simplest Way to Select Bargain Stocks（《Medical Economics》雜誌訪問稿）更是必讀的。它們記錄Graham在後期如何評價自己所提倡價值投資法。在本書第八章，我亦有簡單介紹一，二。

第五章
型態分析
（Analysis of Chart Patterns）

雖然本書是以基本分析為主軸，但在股票投資的領域中，技術分析仍是一個重要的課題，因為市場上不少投資者會透過不同的技術分析技巧去投資買賣股票。但技術分析發展至今天已經不再是一個附屬於股票分析領域中的一個小課題，技巧從圖表型態分析到不同技巧指標都有，技術分析已經不是一個小篇章可以全面交代。但為了讓讀者有一個較為全面的股票投資概覽，筆者在這章中介紹一些自己過去較常用的型態分析技巧。顧名思義，型態分析就是在股價走勢圖表中，走勢形成的型態，讀者可以粗略估計短期股價走勢。

其實我相信在股票投資的世界裡，基本分析與技術分析並不是互相排斥的，而是可以互補的。例如某股份的基本面非常好，前景秀麗，但短期股價走勢卻異常堅挺，並出現隨時下跌的可能性。我想在這時候，連最執著的價值投資基金經理也應該考慮稍遲一點才將該股買進。另一角度，我絕對不贊成投資者只著眼於技術分析，因為在短時間內，供求是會推動股價的高低，但「垃圾」歸「垃圾」，不值錢的東西根本就不會值錢。

5.1 帶柄杯型態
（Cup with Handle）

這是一個近年炙手可熱的型態，它呈帶右杯柄咖啡杯型，當中股價先向上延伸，然後逐步回落，一直至股價在稍後再作回升。前者的下跌及回升型態就是所謂的咖啡杯杯身，而其後的回穩向上，即是所謂杯柄。在判別時，要注意的是那咖啡杯是呈U型，而非V型。據原作者O´ Neil ，咖啡杯杯身由7至8星期形成，而杯柄則可於1至2星期便可完成。此外，杯身的跌幅（從杯口至杯底）應在12-33％區間，應該不超過50％，杯柄深度則為10-15％之間。通常帶柄杯型態在股價一輪上升後出現，但型態形成後，股價未來走勢沒有明顯規律，故不能用作預測後市的上佳指標。帶柄杯型態的成交量在形成期間保持平穩。

帶柄杯

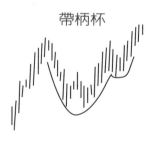

註一：William J. O'Neil（1988），How to Make Money in Stocks, McGraw-Hill, New York

5.2 迴光返照型態（又譯作死貓彈）
（Dead Cat Bounce）

　　此型態是指股價大幅回落（約25%左右）後，股價會出現短暫而且輕微反彈，反映部份投資者會在某一檔股份急跌後忽然入市，希望進行炒底（Bottom　Fishing）。通常先前的跌幅愈大，反彈亦愈大。在完成迴光反照型態後，股價一般會再行下跌，故此型態可視為看淡的指標。成交額方面，在未出現短暫反彈前，成交額會大增，反映炒底者急忙入貨，而看淡者大規模沽出股票。在實戰方面，迴光反照型態在大跌市時時有發生，投資者在未發現確實反彈型態時不應輕率入場。

迴光返照型態

5.3 菱形頂型態及菱形底型態
（Diamond Tops and Bottoms）

　　菱形型態是轉角市的一個重要指標。當菱形頂出現時，多會反映一段延伸的升幅將會結束，股價將會轉而下跌。反之，如果在一輪股價下跌後出現菱形底，則代表跌市即將完畢而股價反彈在即。菱形型態呈鑽石形，型態形成初期，股價上下波幅較少，至終其股價波幅較大，在後期股價波幅再度收細。這種型態其實反映出它的投資者在股價大幅上升或下降後趨於平穩，而至終其好友（持積極態度投資者）及淡友（持保守態度的投資者）的爭持導致波幅加大，最後好友或淡友取得優勢並引致股價平穩，並儲集下一輪的升勢或跌勢的量。在整個型態發展中，成交額應該逐步減少的，因投資者在後期的博弈會有所消退。

菱形底型態

菱形頂型態

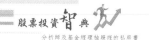
5.4 雙底型態及三重底型態
（Double Bottoms and Triple Bottoms）

　　雙底的基本型態是W型，然後由於第二個V可能會高於或低於第一個V型；又細分為上升雙底（Ascending Bottoms），即代表股價在第二次下挫時，在未到達第一次下挫時的支持位前已經得到支持，是看好的指標；另一個是下降雙底（Descending Bottoms），即在股價第二次下跌時，第一次下跌的支持位堅守不住，所以可視為看跌的指標。但就以雙底而言，型態本身是屬看好的指標，因為在兩次下挫中，支持都能夠堅守著，反映為數不少的投資者願意在支持位置買入股票。成交量通常在第一次下挫時較多，而第二次下挫時則略有減少。假如在雙底型態形成後，有另一個谷底出現，我們稱它為三重底，解釋上跟雙底大致一樣。

雙底型態

5.5 雙頂型態及三重頂型態
（Double Tops and Triple Tops）

　　雙頂形態主要呈現兩個明顯的峰位。這型態主要預告投資者不願意以高於阻力位的價格購入股份，是一個對股價未來走勢看跌的訊號。又按雙峰的高低，雙頂形態又可以細分為上升雙頂（Ascending Double Tops）或下降雙峰（Descending Double Tops），但嚴格來說這兩項細分的型態是不存在的，因為他們是可以說是上升頂型態（Ascending Tops）或下降頂型態（Descending Tops）的部份，即一波接一波的下跌。與雙底相若，在雙頂型態中，在第二次上升時，成交量會較第一次升時為低。假若在二個峰頂型成後，再有多一個峰頂出現，我們稱之為三重頂，意義上跟雙頂相近。

雙頂型態

5.6 旗形型態
（Flags）

　　旗形型態呈長方形旗形，當中由高點所組成的阻力線與由低點所組成的支持現基本上呈平行，型態亦與斜矩形相若。旗形型態上，阻力及支持線多是向下傾斜的，但亦有同時向上爬升的。旗形型態較常與上升通道及下降通道混淆，因為外觀差距不遠。但實際上，旗形型態通常在短期內形成（大概在數天至3星期內完成），而上升或下降通道需要較長時間形成。在實戰中，旗形型態的方向多與原來的大趨勢相反，即旗形向上前，股價一般會呈現較長的延伸下滑。而在旗形型態出現後，股價又會多回到原來的大趨勢，反映其型態多是投資者在大趨勢的一種短暫的思想逆轉。在整個型態期間，成交額是漸次萎縮的。

旗形型態

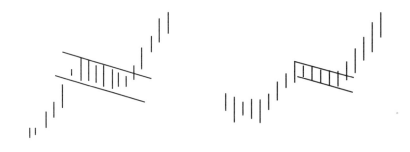

5.7 三角旗形型態
（Pennants）

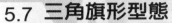

三角旗型態呈三角旗形，即由高點所組成的阻力線與由低點所組成的支持線會漸次收窄。三角旗形型態亦是有向上爬升及向下傾斜的型態。與旗形型態相若，這型態可以在數天至不多於3星期內形成，在形成期間，成交額會一直下降。三角旗形型態多會在大趨勢出現，但存在時間短暫，在型態完成後，股價多回復原來趨勢，舉例就是在股價大跌市，股價突然會在短時間內逆轉並組成三角旗形，然後股價又再迅速回復下跌，故此，不少投資者將三角旗形型態及旗形型態定性為「虛假訊號」（False Signals）。

三角旗形型態

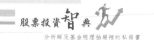

5.8 跳空缺口
（Gaps）

　　跳空缺口是指股價在一個時段中最高價（或最低價）與及後的一個時段的最低價（或最高價）產生一段沒有成交價的缺口。跳空缺口在大趨勢中時常出現，其中又細分為「普通缺口/區域缺口/型態缺口」（Common Gap/Area Gap/Pattern Gap）、「耗盡缺口」（Exhaustion Gap）、「突破缺口/逃逸缺口/量度缺口」（Breakaway Gap/Runaway Gap/Measuring Gap）及「連續缺口」（Continuation Gap）。

　　「普通缺口」指日常股價走勢中所現的缺口，本身沒有大的意義；「耗盡缺口」是指發生在大趨勢的尾期，反映大趨勢可能很快便會完結；「突破缺口」是指在大趨勢初期出現的跳空缺口；而「連續缺口」是在大趨勢中連續出現的缺口，在此型態下，最有趣的題目是這些跳空缺口會在日後被「填補」。一般以「普通缺口」及「耗盡缺口」在很短時間內便會被填補。在實戰中，「填補」缺口現象視為普遍。

跳空缺口

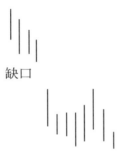

缺口

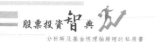
股票投資智典
分析師及基金經理抽屜裡的私房書

5.9 頭肩頂型態
（Head-and-shoulders Tops）

　　這個經典型態呈三個明顯峰頂，第一個及第三個峰頂較第二個峰頂（即在型態中處於中間的峰頂）為低。投資者一般稱第一及第三個峰頂為「左肩」及「右肩」。中間的峰頂為「頭」。傳統來說這型態屬看淡指標，即此型態形成為股價多會拾波而下。假如我們將左肩及右肩連成一線，我們稱之為「頸線」（Neckline）。理想的情況是左右兩肩能夠比衡地攔在水平頸線，但假如左肩高於右肩，或右肩高於左肩，投資者多會預期期後股價跌幅會較大。

　　在分析這型態時，成交額是一個重要的考慮點，一般左肩的成交量最大，頭部成交量較次，最少的是右肩。

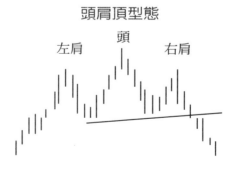

頭肩頂型態

5.10 頭肩底型態（Head-and-shoulders Bottoms 或 Inverse Head-and-shoulders）

　　此型態呈現三個谷底，當中間所處位置較左右二個谷底為深。在此型態，左右兩個谷底被稱為左肩及右肩，中間的谷底稱為頭，左右兩肩連成的線稱為頸線。在完整的頭肩底左右兩肩相對地相稱而頸線位於水平。此型態為看好指標，一般相信在頭肩底出現後，股價會表現較大的回升，而如果左右肩不對稱，即頸線處於傾斜位置（無論是左傾或右傾）及後股價上升的幅度將較水平頸線為高。在成交額方面，左肩的成交額為大，其次為頭，右肩最少。

頭肩底型態

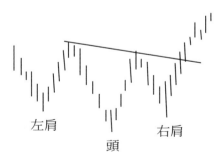

5.11 島狀掉頭型態
（Island Reversals）

　　島狀掉頭型態可發生在大趨勢的頂部或大趨勢的底部，股價在大趨勢下，突然出現跳空缺口，然後股價作出短暫的整理，並同樣地以跳空缺口形式，頭向反方向發展，由於短暫的整理期狀似孤島，故稱島狀掉頭。假如我們以跳空缺口型態來解釋，導致孤島形成的可稱為「耗量缺口」，而在整理後出現的缺口是「突破缺口」。在實戰方面，如島狀掉頭出現在下跌趨勢時，可視為極端看好的訊號，即所謂「回升」Pullback，相反地，如果此型態出現在上升趨勢中，可視為是看淡的指標，即「回挫」（Throwback）。就成交量而言，島狀掉頭在第二次跳空缺口時會出現較大成交額。

島狀掉頭型態

（圖：缺口 缺口／缺口 缺口）

5.12 單日掉頭型態
（One-Day Reversals）

　　此型態的特別外觀是在大趨勢末期的同一個交易日內，最高及最低的股價相差最大。在由上升調頭至下降的情況下，收市價會偏在全日最低成交價，相反地，在下降掉頭至上升的情況下，收市價會偏側至全日最高成交價，在某層面上，單日調頭型態與島狀調頭有相似之處，但在確認掉頭或轉勢時，島狀掉頭型態有較高的可信性，因為股價在某一天的異變可能只是對個別事件的短暫反應。事實單日掉頭型態會出現「錯誤訊號」（False Signal）。為了減少對掉頭及轉勢判斷的失誤，投資者應同時著眼於成交量。一般而言，單日掉頭是會配合同日成交量的爆升。

單日掉頭型態

5.13 走勢擺動
（Swing Measurement）

　　無論在股價上升或下降時，傳統的型態觀察者都會認為走勢是分三階段的，即初段（First Leg），修正階段（Corrective Phase）及第三階段（Second Leg）。在實戰上，這型態並不算是一個預測的指標，它主要用於解釋股價上升或下降的階段性。在股價上升的情況下，在初段買入股份的投資者會在獲利後先行「獲利回吐」（Profit-taking），在修正階段，股價升勢會放緩，甚至輕微掉頭回落，但在第三階段，股價會再度攀升。在股價下跌的情況下，在經歷一段時間的股價下跌後，趁低吸納（Bargain-hunting）者會使跌幅減低或倒升，但在完成修正後，股價會再度下跌。據此型態，初段及第三階段的涵蓋時間會相若。

走勢擺動

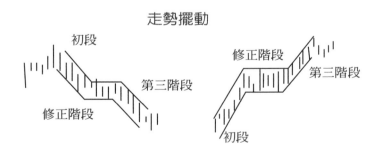

5.14 矩形頂型態及矩形底型態
（Rectangle Tops and Bottoms）

　　矩形型態是指股價於一般較長的時間（可以長達5-6個月）內在兩條水平線（即阻力線及支持線）之間波動，並產生多個掉頭型態，矩形頂是指經過一輪延伸上升後，股價在窄幅上落，在此時出現的矩形型態屬看淡指標，因為在完成型態後，股價多會掉頭下挫。我們稱這情況為矩形頂。另一方面，假如矩形型態（即矩形底）出現在一輪股價下挫後，即為投資者看好的指標，因此有投資者稱此型態的階段為「打底」（Bottom Formation）。一般來說，在矩形態形成時，成交額會逐次收縮，但在突破此型態前夕，成交額會有所爆升。

矩形頂型態

矩形底型態

5.15 上升扇貝型態及下降扇貝型態
（Ascending Scallops and Descending Scallops）

　　上升扇貝是指股價上升一段時間後，被獲利回吐者短暫拉回，然後再繼續上漲。下降扇貝則是在股價持續下降一段時間後，趁低吸納者會稍微持股價拉回，及後股價又會持續向下，有趣的是無論扇貝型態是上升的或者是下降，它們在形成之前大都是在上升的大趨勢中，成交額方面，特別是在上升扇貝型態中，兩側的成交量會較大，在扇貝的底部，成交額是偏低，在預測能力方面，兩種型態都不能明顯地預測型態形成後的股價趨勢，故此類型態僅供參考。

上升扇貝型態

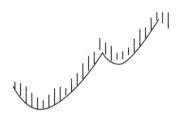

下降扇貝型態

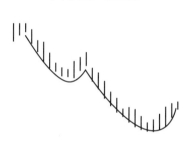

5.16 圓形頂型態及圓形底型態
（Rounding Tops and Rounding Bottoms）

　　圓形型態亦稱為碟形（Saucers）呈大型圓弧形。當圓弧形缺口向上，稱為圓形頂，圓弧形缺口向上，則稱為圓形底，雖然沒有強而有力的統計資訊指出圓形型態是屬看好或看淡的指標，但在實戰紀錄中，在圓形型態形成後，特別是圓形底的情況下，股價後來的走勢通常會向上。在圓形底型態形成後，我們較容易解釋為何期後股價會上升，主要因為在圓形底投資者買入後，不會急於獲利回吐（圓形指出他們的獲利不多）。但為何圓形頂組成後股價會不跌而升呢？ 有學者解釋因為長線投資者可能在股價下跌時，買入那些恐怕股價會再下跌的投資者手上的股份，所以造成這現象。無論是圓形頂及圓形底，在圓形最頂（或最底）成交額會是最少，則成交量較高。

圓形頂型態

圓形底型態

5.17 三角形型態
（Triangles）

　　乃是指走勢呈三角形，即使高點形成的阻力線及由低點組成的支持線趨向上下合攏，並最後呈三角形型態。按傾斜方向，三角形型態細分為上升三角形（Ascending Triangle）；下降三角形（Descending Triangle）及等腰三角形（Symmetrical Triangle）。上升三角形多出現於上升大趨勢中，成型後股價多會繼續向上爬升，可視為上升中的鞏固期，是看好的指標。下降三角形多會出現於下降大趨勢中，成型後股價多回繼續下挫，常被指為看淡的指標。等腰三角形又再細分為等腰三角形底（Symmetrical Triangle Bottoms）及等腰三角形頂（Symmetrical Triangle Tops），前者在下降趨勢中形成，並在形成後再見股價持續下跌，後者是在上升趨勢中形成，形成後股價再度上升。在所有三角形型態中，成交額都是趨向縮減的。

上升三角形型態

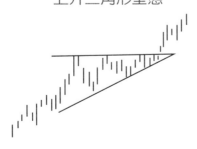

下降三角形型態

等腰三角形底型態

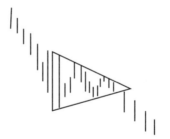

等腰三角形頂型態

5.18 楔形型態
（Wedges）

　　大致呈伸展性的三角形。當中由高點組成的阻力線與由低點所組成的支持線趨漸次靠近並趨向合攏。按楔形傾斜方向，此型態分成上升楔形（Ascending Wedge）及下降楔形（Descending Wedge）。在外觀上，楔形與三角形型態有點相若，一般而言，楔形型態會花較長時間形成，約2至3星期，但三角形型態則能夠在數天內形成，在預測能力方面，楔形型態多會預測走勢轉向，即上升楔形型態形成後多會導致期後股價掉頭下跌。而下降楔形則在形成後多見期後股價回升。明顯地與三角形型態不同。在楔形型態形成時，成交量一般會持續向下收縮。

上升楔形型態

下降楔形型態

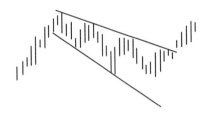

5.19 擴散底型態及擴散頂型態
（Broadening Bottoms and Broadening Tops）

　　擴散底是一組喇叭型的型態，當中高點一步一步地向上升，而同時低點拾級而下，兩者的陡峭程度相差不遠。這型態通常出現於股價持續下跌之後。成交量方面，這型態並沒有特別明顯的成交量規則，通常只在股價上升時，成交量略有增加，而在下跌時，略有減少。這型態主要反映在股價經過一段延伸性下跌後，投資者在判斷及考驗未來股價走勢，這種型態並沒有指示未來股價走勢的突破方向，而且可能持續一段時間。擴散頂型態成喇叭型，當中高點逐步向上，而低點亦以相若的陡峭度向下傾斜。在外觀上，擴散底及擴散頂基本上是一致的。但擴散底是在股價一直延伸下跌後出現，而擴散頂則出現在股價一直延伸上升後，基本是反映投資者在一輪股價上升後所採取的觀望態度。故此，這型態的形成並不反映股價不會再進一步上升，亦不能預言股價即將下滑。在此型態，成交額並沒有明顯規律。

擴散底型態

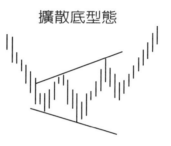

擴散頂型態

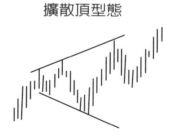

5.20 擴散性上升直角三角形型態及擴散性下降直角三角形型態（Broadening, Ascending and Right-angled Triangle and Broadening, Descending and Right-angled Triangle）

　　上升型態的外觀是上升喇叭型，當中高點拾級以上，而低點卻以較低的陡峭程度向下傾斜。與擴散底的最大的分別是低點的下跌幅度較慢。這型態給投資者的感覺是較正面的，因為由高點組成的阻力線曾被推高，而由低點組成的支持線的陡峭度逐步趨平。但它的擴張性反映投資者其實仍在判斷未來股價走勢，有人更認為高點在遇到阻力線迅速回落，反映「空頭」的活動，故此並非一個指示股價將會向好的型態，在這型態中成交量亦沒有太大規則。

　　下降型態成喇叭型，當中高點以較低陡峭度向上升，而低點則以較大陡峭度向下傾斜。此型態的特點是由高點組成的阻力線較為水平，而由低點組成的支持線則較為傾斜。與其他擴散性型態相若，它並不是一個能夠明確預測未來股價走勢的型態。擴散性只反映投資者仍採取觀望態度。在此型態中，成交量並沒有較明顯規律。

擴散性上升直角三角形型態

擴散性下降直角三角形型態

擴散性上升直角三角形型態

擴散性下降直角三角形型態

238

5.21 擴散性上升楔形型態及擴散性下降楔形型態 （Ascending Broadening Wedges and Descending Broading Wedges）

　　上升型態呈上升喇叭型，當中由高點組成的阻力線及由低點組成的支持線同時向上傾斜發展，但兩條線又分別向外擴散。這種型態正好與上升楔形不同，在上升楔形中，該兩條線是同時向外收窄。雖然此型態中的成交量並沒有明顯規律，但在型態發展當中，成交量（特別在即將突破時）會有所增加。雖然這型態屬擴散性，即顯現投資者仍持觀望態度，但在實戰中，我們會發覺在完成這型態後，未來股價多會向下突破。故此型態可歸類為看淡訊號。

　　下降形態呈下降喇叭形，當中由高點組成的阻力線及由低點組成的支持線同時向下傾斜延伸，但兩條線又分別向外擴散，即支持線的陡峭度隨型態發展而增加。在實戰上，此型態是可以歸類為看漲的訊號，特別是如果成交量隨著型態發展而增加。看漲的原因大概是每次當股價下跌時，即使股價是每況愈下，但都能夠以較大的幅度回升，代表投資者願意以較高的價錢買入股份。這點與下降楔形不同，在下降楔形型態中，每次在觸及支持線後的反彈都會受制於下降中的阻力線。

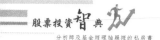
擴散性上升楔形型態

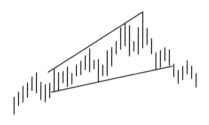

擴散性下降楔形型態

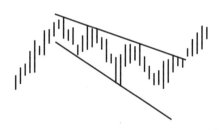

第六章
選股指南

　　投資股票的要訣是選購會漲價的股票。但這談何容易！要在成千上萬的上市證券中選取有升值潛力的股票，可謂大海淘金。故此，投資者各施其法，由分析各證券的基本面、利用電腦製作複雜難明的程式、以致擲筊決定、或求神問卜都有。雖然學者對這個課題的研究依然是樂此不疲，仍找不出廣獲大家接受的結果，但個別基金經理已經在吹噓自己研發出獨步股林的不敗祕技。在未有確實記錄數據前，我不敢妄下判語。Nagy及Obenberger（註三）在1994年發表了他們的投資者調查，分別對34個可能對投資者買賣證券有影響的因素進行研究。雖然這份調查並不全面，而且只集中於當時的美國投資者的意見，但那些因素對今天的證券市場依然有所啟示。

註三：Nagy, R.A. and Obenberger R.W. ，（1994），"Factors Influencing Individual Investor Behavior," Financial Analysts Journa，July-August 1994

表6.1：影響投資者決策的因素

次序	因素	回應次數	佔回應人數百分比
1.	對企業盈利期望	62	46.6%
2.	分散投資的需要	58	43.6%
3.	對企業產品及服務的感覺	54	40.6%
4.	企業財務報表的概況	52	39.1%
5.	企業在行業領域中的地位	49	36.8%
6.	企業的聲譽	48	36.1%
7.	過去股份價格的表現	46	34.6%
8.	該股票在過去各項投資項目的吸引力	44	33.1%
9.	減少風險	43	32.3%
10.	資金需求的時間表	39	29.3%
11.	稅務的考慮	39	29.3%
12.	對未來股票市場整體表現的期望	38	28.6%
13.	對整體經濟情況的感覺（Gut Feeling）	36	27.1%
14.	對企業經營道德的感覺	32	24.1%
15.	對企業未來前景的期望	31	23.3%
16.	對資金的需求情況	30	22.6%
17.	投資者自己在過去的股票投資表現	26	19.5%
18.	股東能承擔的股價（Affordable Share Price）	23	17.3%

次序	因素	回應次數	佔回應人數百分比
19.	在企業報告及章程（Prospectuses）的訊息	20	15.0%
20.	目前各項經濟指標的概況	19	14.3%
21.	使用股票價值樣式	19	14.3%
22.	股票經濟的推薦	19	14.3%
23.	投資諮詢機構的建議	18	13.5%
24.	機構性投資者對個別股票的持有量	15	11.3%
25.	股份價格最近的走勢	15	11.3%
26.	報章財經版的報導（Coverage）	15	11.3%
27.	個別證券企業的推薦	13	9.8%
28.	家人的意見	9	6.8%
29.	報章的報導	8	6.0%
30.	不同交易所	7	5.3%
31.	企業在本地市場的經營情況	6	4.5%
32.	企業的環保紀錄	6	4.5%
33.	朋友或同事的推薦	4	3.0%
34.	企業在國際市場的經營情況	3	2.3%

從上面列表中，我們發現大部份的投資者會利用不同選股系統或預想設定來排選他們認為有上漲潛力的股份。我暫且不對不同的選股準則作判斷或評論，因為各有各法。我在這本書將會集中討論一般專業的基金經理、機構性投資者及專業投資者所常用的選股準則，從另一個角度來看，就是希望讀者能透過閱讀這本書來瞭解基金經理或機構投資者如何選股。在熟識這些選股方法後，再由讀者自行設立選股系統，它是由Benjamin Graham在1980年所發佈的選股系統。這位Graham就是著作投資行業經典《證券投資》（Security Analysis）中Graham及Dodd的Graham。今天依然有很多基金經理在推銷自己的基金時，仍會拿着此書，說他們的投資方法就是根據這位「價值投資之父」所訂立的投資哲學制定。

Graham選股系統有十個選股準則（註四）：

1. 美股盈利與股票比率（Earnings-to-Price）的回報，最少是AAA級別債券的二倍；

2. 股份的市盈率（Price-Earnings-Ratio）少於該股票過去五年最高市盈率的40%；

3. 股份的股息率（Dividend Yield）最少是AAA級債券息率的三分之二；

4. 股份價格必須是低於相關企業「有形帳面」（Tangible Book Value）的三分之二；

註四：P. Blustin,"Ben Graham´s Last Will and Testament,"Forbes, August 1, 1977, pp. 43-45

5. 股份價格必須是低於相關企業「流動資產淨值」（Net Current Asset Value）的三分之二；

6. 企業的總負債是低於該企業的「帳面值」（Book Value）；

7. 企業的「流動比率」（Current Ratio）大於二；

8. 企業總負債少於「流動資產淨值」的三倍；

9. 企業盈利的增長在過去十年每年最少有7%的增長（以獲利來計算）；

10. 企業盈利以穩定型態增長，即在過去十年當中不多於兩年是發生了5%或以上的下跌。

　　簡單來說，此系統中的首五項是跟股票價格有關；而後五項則是針對企業本身的基本面，可謂內外兼顧。在本書最後一章，我們將會檢視這套選股系統所產生的業績，最重要的是在這套系統發表後，隨著互聯網的興起，有很多更大型及更複雜的系統出現，在互聯網上、入門網站Yahoo及MSN等已經有此種網上選股系統，大家只需在蓋股準則中輸入不同的系數，便可以篩選出不同的股份（目前只限於部份市場，仍未普遍地涵蓋所有市場），當然市場還有更專業的選股系統例如Morningstar及標準普爾（Standard and Poor's）。

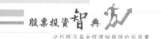

　　選股的準則大致上仍當以企業的基本面為主，並以股價與各種估值方法的關係為輔助。本書為讀者精選了一些常用及主要的選股準則，更重要是指出這些準則隱藏着的陷阱。環顧現在坊間的財務書籍，我發現很多所謂財經專家對這些選股準則根本一知半解。相信讀者在讀完這本章後會有所心得，令大家的選股能力長足進步。

6.1 盈利能力與市盈率
（P/E Ratio）

　　掀開任何一本談及選股準則或祕訣的書，他們大多不約而同地將市盈率放在顯著的位置，使市盈率被視為選股的基本。選用市盈率為準則時，它的決策指標是選擇低市盈率的股份。理論上，假如一家企業的市盈率較（1）過去為低、（2）較市場同等為低、或（3）較大市為低，代表市場可能（我在此強調的是「可能」這兩個字）低估了該股份的價格，稍後股價應回升到該有的水平。股價從低位回升至合理水平，有兩種可能；其一是市場確實在短時間內忽視了這股份或有關板塊，當投資者回望這股份或板塊時，市盈率就自然回復到高水平；其二是市場改掉對該股份的輕視，在更多投資者發現它的吸引力時，市場會趕快買入，導致股價上升；這情況我們稱為「重估」（Re-rating）。此處祕訣是在其他投資者還未發現前買入有關的股份，當「眾人皆醉我獨醒」的時間過去後，投資者就可以大賺。理論歸理論，在實踐上，我並沒見過很多低市盈率的股份能夠大幅回升至市場所預期的水平。在來討論原因時，我們先複習市盈率的計算方法。算式是：

$$\text{歷史性市盈率（Historical P／E Ratio）}^* = \frac{\text{目前股票價格}}{\text{最近過去一年的每股盈利}}$$

$$\text{預期市盈率（Prospective P／E Ratio）}^{**} = \frac{\text{目前股票價格}}{\substack{\text{預期即將完結的財}\\\text{政年度的每股盈利}}}$$

* 又稱Trailing P／E Ratio

** 又稱Forecasted P／E Ratio

　　單看以上公式，我們會發現歷史性市盈率並不大合適，因為市場所關注的是企業未來的盈利，而非過去的盈利，故此，市場大部份投資者或分析員都是採用預期市盈率。但這裡出現兩個問題：

1. 預期的盈利是否準確
2. 即使預期的盈利預測是非常準確的，但某一年的盈利數字是否代表企業的實際盈利能力？

6.1.1 盈利預期的準確性

在開始討論第一點之前，我先向大家講述一下我過去作為分析員的經驗。分析員的主要工作之一是預測上市企業的盈利。一般在企業剛公佈業績後，分析員會預測未來兩至三年的企業盈利，可信性較高。但有些企業的營業額根本就沒有趨勢可言，例如一家經營玩具零售商的企業，商舖連明天打開店門時會有多少顧客進入光顧都難測，又何況是分析員呢？在大多數的情況下，分析員會以經驗及實際考察來判斷可能達成的銷售額，故此這類企業的盈利只是粗略估計，但奇怪的是這個由大型證券企業所做的預測很快便會成為市場公認的預測數字，然而並非所有分析員都有一致的想法。過去的經驗告訴我，這是因為不少的小型證券企業的分析員會「參考」大型證券公司的預測，然後做出一個「人無我有」的預測數字。幸好，近年有些分析員或策略員變得誠實了一點，在推薦股票時，他們會說「根據某某權威預測，這家企業未來年業績會是如何如何……」，我覺得這種「借」的行為總比「偷」的行為好。

從另一個角度來看，即使我們有了大型證券企業的預測，但我們又不禁要問這些預測的準確性。在1981年至1989年間，兩

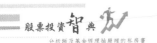
股票投資智典
分析師及基金經理抽屜裡的私房書

位學者（註五）向100家美國證券企業進行調查，發現基於下表的原因，分析員往往會錯估企業的業績。

表6.2：業績表現與毛利率下降（Declines in Gross Margin）
有關而導致錯估的原因

1.	因整體成本（General Cost）上升而導致的成本上升；
2.	企業內部改變產品組合（Product Mix）而導致毛利率下降；
3.	因營銷下跌而導致生產力過剩；
4.	由於收購其他企業而導致毛利率下降；
5.	因產品銷售價格下跌而導致營銷收入下降；
6.	因提高產品或服務而導致成本的上升；
7.	因預期營銷開支上升而擴展生產力；
8.	因開發新產品而導致成本上升；
9.	因外匯匯率變動而導致的不利影響。

表6.3：與銷售開支（CSGA）有關而導致錯估的原因

1.	市場及推廣廣告費用的增加；
2.	行政及其他雜項開支的增加；
3.	提高顧客服務而導致的開支增加；
4.	因外匯匯率變動而導致的不利影響；
5.	因收購其他企業而增加的開支。

註五：Muiford, C. W. 及Comiskey, E. E., （1996）Financial Warnings, 1996 John Wiley & Sons, Inc

表6.4：與非經營性項目（Nonrecurring Items）
有關而導致錯估的原因

1.	固定資產（PP＆E）及無形資產的撇帳及減值；
2.	重組事件；
3.	貨物庫存的撇帳及減值；
4.	其他非經常性項目；
5.	投資項目的撇帳及減值；
6.	合同終結；
7.	法律爭議；
8.	應收帳款的撇帳及減值；
9.	工作人員的減少。

　　雖然上述調查往往在美國進行，但類似情況在本港市場亦頗為常見。在香港，當上市企業在發現分析員對他們盈利預測有重大的偏差時，一致不會採取任何行動，但亦有一些企業會透過投資關係或公共關係部同事向分析員暗示他是高估或低估了他們的盈利水平，以避免在業績公佈時導致股價大幅波動。當然，這裡還包括了一些管理水平偏低的企業會刻意誤導相關分析員。

　　我們需要解答的另一個課題是即使盈利預測十分準確，但投資者應否只看一年的盈利數據？例如，一家百貨企業將它其中一個主要商場出售並獲得相當可觀的盈利。投資者應該因盈利上升

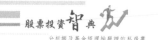

及市盈率降低而買，還是應該不購買該股份呢？如果這個情況發生，我覺得應否買賣是要視乎投資者本身的投資視野。偏向於短線炒買的，當然可以做短線投機；但如果投資者是著眼於中、長線的，根本就不用理會。在學術的範疇裡，部份學者認為在市盈率的計算中，每股盈利應該是用數年的盈利（包括過去及預測的盈利）平均數計算。然而，這種說法並不為市場大部份投資者認同，故此我在這裡不作詳細介紹。

6.1.2 實際盈利能力

市盈率的另一個課題是「為何同行同業的企業會面對不同的市盈率？」這正好解釋我為何強調我們根本不應該說既然同行的A企業市盈率是20倍，所以B企業也是。我想同行而有不同市盈率的原因大概有三項：

1. 不同企業的素質，參差不同；
2. 市盈率只是反映盈利增長，而非素質；
3. 盈利的增長中，高市盈率代表預期盈利增長更高。

　　在詮釋第一個原因時，有不同的學者提出不同的理論，我在《證券價格評估「智」典》（香港‧策匯傳信, 2009）一書曾經引用Benjamin Graham（註六）的說法，即以盈利素質及股息紀錄來調整不同企業的素質因素（Quality Factors）。高素質的企業自然會普遍有較高的市盈率，期間差距，我們可以稱為「素質的折扣」（Discount for Quality）。可惜，現今不太多證券企業或基金企業採用這系統，即使是那些每天抱著Graham所寫的『證券分析』（Securities Analysis）來宣傳的基金企業。根據Graham的系統，我在這裡嘗試簡化成一個計算「素質折扣」的方法，希望可供投資者參考：

註六：Graham, B（1957），"Two Illustrative Approaches to Formula Valuations of Common Stocks"，Financial Analysts Journal,（November, 1975），11-15頁

表6.5：計算「素質的折扣」的例子

	A企業	B企業	相差（B企業／A企業）
i）過去三年盈利平均增長	20%	15%	
ii）未來二年盈利平均增長	25%	21%	
iii）　i）＋ ii）	45%	36%	0.80
iv）未來一年每股盈利預測	5.4元	3.8元	
v）最近一年每股資產淨值	2.0元	1.6元	
vi）　iv）÷ v）	2.70	2.38	0.88
vii）企業借貸比率	40%	80%	0.50
viii）企業股息／每股盈利比例	30%	40%	0.75
平均			**0.71**

　　在上述例子中，根據不同比重，B企業的素質只是A企業的
0.71。我們可以利用這比例來計算兩家企業的不同市盈率；例如
當A企業的市盈率為12倍時，B企業的市盈率約為

$$B企業市盈率 = 12倍 \times 0.71$$
$$= 8.52倍$$

　　這裡介紹的一個方法僅供參考，在實踐上，我們還要以過去
的數據來尋找出各種素質因素的加權。但我希望能夠以此說明不
同企業的素質會反映在市盈率上的觀念。在上面的例子中，B企業
的市盈率在未能追上A企業前，根本沒有機會與A企業並駕齊驅。

　　除了企業本面素質的差距以外，我們亦需要明瞭市盈率本身是反映企業盈利增長的指標，企業預測的盈利增長愈高，市場就愈願意付出更高的市盈率。假設市場上兩家企業C及D的派息比率同是50%，而市場的風險、回報等因素相對穩定，根據通用的股息折現模式（Dividend Discount Model）（註七），他們的市盈率將有所不同：

　　假設：派息比率同是50%；
　　　　　市場的貼現率（Discount Rate）是15%；
　　　　　A企業的預期盈利增長率是7%；
　　　　　B企業的預期盈利增長率是12%；
　　則：

$$A企業市盈率 = \frac{50\%}{15\%-7\%} = 6.25倍$$

$$B企業市盈率 = \frac{50\%}{15\%-11\%} = 12.5倍$$

　　由此可見，兩家企業的市盈率是按市場對不同企業的預期盈利增加來判斷願意付出甚麼價格。當然，假如在上面的例子中，我們發覺A企業的可能盈利增長將會不少於7%，代表目前的6.25倍是不合理的，股價應有上升空間。

註七：Dividend Discount Models 詳情可見各有關證券估值的書本。

綜合上述各點，無可否認，市盈率是一個重要的選股準則，因為市場依然非常依賴該準則，但它的度量方法並非單靠「愈低愈好，愈高愈貴」的原則。透過對企業素質的批判，我們可以尋找出不同企業為何有著不同水平的市盈率。好好利用這準則吧！

6.2 借貸比率
（Gearing Level）

　　這是一個常用的選股準則。它反映企業的借貸情況，比率愈高，代表企業借貸愈高，因此企業的盈利將會受利息開支而大大拖累，加上對市場利率走勢非常敏感，所以坊間一般書籍都會說「選股時，先要選借貸比率低的企業。」但事實究竟如何？在未詳細答覆這個問題之前，我們需要先定義何謂借貸比率。假設下面的幾家企業的資產負債表示：

表6.6：計算借貸比率（未計算淨現金前的情況）

以＄1,000為單位	A企業	B企業	C企業
普通股股本	800	600	350
儲備（Reserves）	900	500	400
普通股股東資金（A）	1,700	1,100	750
可兌換優先股（B）	--	200	--
少數股東權益（C）	200	150	280
債券資本（Loan Stock）（D）	400	100	--
銀行透支（Overdraft）（E）	100	80	350
可用資本（Capital Employed）（F）	4,400	1,630	1,380

以 ＄1000為單位	A企業	B企業	C企業
槓桿比率＝借貸／股本 $\dfrac{B+D+E}{A+C}$	$\dfrac{500}{1,900}=26.32\%$	$\dfrac{380}{1,250}=30.4\%$	$\dfrac{350}{1,030}=33.98\%$
槓桿比率＝借貸／可用資本 $\dfrac{B+D+E}{F}$	$\dfrac{500}{4,400}=11.36\%$	$\dfrac{380}{1,630}=23.31\%$	$\dfrac{350}{1,380}=25.36\%$

　　在上述各例子中，假如企業A, B, C同樣是持有大量現金，而
這些現金是可以用作償還債務，則我們可以持現金的數目從借貸
款中除去，變化為淨借貸（Net Debt）。舉例上述三家企業的手
頭現金分別為A企業有＄50,000，B企業有＄100,000及C企業為
＄300,000。則借貸比率變為：

表6.7：計算借貸比率（計算淨現金後的情況）

以 ＄1000為單位	A企業	B企業	C企業
淨借貸／股本（槓桿比率）	$\dfrac{450}{1,900}=23.68\%$	$\dfrac{280}{1,250}=22.40\%$	$\dfrac{50}{1,030}=4.85\%$
淨借貸／可動用資本	$\dfrac{450}{4,400}=10.23\%$	$\dfrac{280}{1,630}=17.18\%$	$\dfrac{50}{1,380}=3.62\%$

　　以上四種計算方法都有投資者採用，機構性投資者多會使用淨借貸，因為這樣不會高估企業的借貸，但在接受這個說法時，我們又要考量為何企業寧願借貸而不願將手頭現金償債呢？我認為上述各個定義均可以接受。問題是統一化的，即用第一個定義時，在比較另一家企業時，亦應運用同一定義。

　　假如我說此原則放諸四海皆準，即根本就沒有投資者會投資在船務企業或航空企業，因為這類企業借貸比率一向偏高，故借貸比率須按不同行業各自因素來判斷。此外，另一個投資者不應僅以借貸比率低為選股標準的原因是企業資本的合理化（Capital Structure Optimization）。在本書8.2節，我亦臚列了一個例子作說明。

　　在網上，我們可以找到很多關於「資本合理化」的文章，我在此不做詳細說明。事實上，「資本合理化」的概念頗為簡單，原理是假設現在有一個投資項目，它的回報是每年20％，但現在銀行的借貸利率是每年8％，而將現金存放在銀行裡，存款利率是2％，作為企業的管理人員理所當然地會向銀行引入貸款進行投資。當然在企業借貸愈來愈多的時候，貸款機構會逐步提升所需求的利率，甚至會要求企業提早還清貸款。所謂「資本合理化」就是將貸款比率調整至企業能夠在投資回報及借貸利息支出兩者間獲得最大的回報，並且排除貸款機構突然要求提前還款的

可能性。理論上，計算方法很多，但最終仍要視乎企業能否尋覓
到合理回報的項目或他與貸款機構的關係。

因此很多書上所說的，「借款比率愈低，企業的素質愈好」
說法只是部份正確。「對」的是企業的安全性及穩妥性是高的；
「不對」的是企業可能會白白浪費掉可以藉借助槓桿效果來擴大
企業的股東回報。

雖然我曾說過借貸比率低的企業較安全及穩妥，但多年來，
我也曾經歷過不少與此情況背道而馳的例子，像一些手頭現金充
足的企業突然賣盤出售，胡亂投資，甚至倒閉。要理解有關原
因，我們大概可從為何企業帳目上有那麼多現金著手，以及一家
企業決定將資金存放在帳戶上而不作投資用途的原因；其中大概
包括：

1. 企業管理層根本找不到合適的投資對象；
2. 保守的管理層沒有進行新投資或增加投資的信心；
3. 企業現金根本不是存在控股企業，現金可能是由不是全
   資附屬的企業所持有。我曾探訪過一家企業，它的其
   中一家附屬企業帳戶上擁有大量現金，但同時另一家
   企業則欠債累累，差點兒沒有足夠營運資金。在控股
   企業綜合帳目上，此控股企業有充足現金，但卻不能

隨意從一家附屬企業調撥現金往另一家附屬企業（因為該等附屬公司的背後可能尚有其他股東）；

4. 企業現金被貸款機構要求存放在某些戶口。這現象頗為普遍，特別是跨地域經營的企業。不少企業為了外匯關係不能將資金調動往其他國家，故此，他們在有分支機構的當地貸款機構貸出款項，通常該貸款機構會在控股企業所在地，要求控股企業將現金存放在所在地的貸款機構支行戶口。這類現金僅可視為保證金，而非現金；

5. 企業持有現金可以純屬會計上的安排。眾所皆知，企業的資產負債表僅是財政年度最後一天的財政狀況。在那天擁有巨資亦不代表企業在另一天依然擁有該等現金。例子就是企業剛剛收到出售資產或產品的款項。

在上述各個情況，可能有投資者認為第一或第二個原因正好表示企業的安全性及穩定性。但我卻認為風險依然頗大。由於管理層找不到合適的投資項目而使他們意興闌珊；另一方面，投資者眼見一家企業不思進取，又不願意買入股票，結果成交量偏低。當這種情況出現，有幾個不幸的情況可能出現：

1. 為要引起投資者的興趣，管理層急於購入素質較次的投資項目；

2. 管理層將企業的控股股權出售。很多時候,新管理層眼看有那麼多的現金都會急不及待花費大部份的現金作投資,結果導致現金枯涸。

當然最理想的情況是控股股東將企業私有化。但我在過去數十年的經歷中,控股股東能夠慷慨地將上市企業私有化的例子只不過寥寥可數。故此現金充沛的上市企業並非是一個最好的選股標準。反之,投資者更需要注意企業管理層的動態。

既然低借貸比率並非我們選股的最佳準則,那麼投資者應該如何訂標準呢?對企業以外的人來說,要計算一家企業再投資回報及借貸利息支出的關係簡直是不可能。作為企業以外的投資者根本就沒有辦法去解構並知曉那一個借貸比率是合理的。在這裡,我建議利用「波幅」來作為尺度。大部份上市企業都是一些較成熟的企業,他們與貸款機構亦有一定的生意往來關係,故此,管理層對貸款機構的利息要求是較容易掌握的。在投資前,他們大概會估計貸款機構的態度,因此他們所做出的投資一般都能夠平衡投資回報及貸款利息支出。而這種平衡能力會導致企業的借款比率圍繞在一個較穩定的水平。我的量度尺度就是以企業的資本結構可能出現問題,在以借貸比率作為選股準則的情況下,我會選取借款比率較為穩定的企業,而非單純只看低借貸比率或現金企業。

我的選股標準是：

過去三年企業借貸比率波幅≦15百分點，即過了三年該企業最高與最低的借款比率不超過15個百分點。

6.3 資產淨值（Net Asset Value，簡稱NAV）及市帳率（P/B Ratio）

6.3.1 資產淨值的計算

　　資產淨值的意思就是一家企業的全部資產減去企業全部負債。將資產淨值（NAV）除已全部已發行普通股股數，就為每股資產淨值（NAV Per Share）。將每股資產淨值與股票價值比較，我們就可以算出股價是跟淨值折讓多少。計算資產淨值折讓（Discount to NAV）的公式是：

　　資產淨值折讓 ＝ 1 －（股價／每股資產淨值）

　　例如某企業的股價是＄2.0，而資產淨值為每股＄2.3，股價對資產淨值的折讓便會是：

　　資產淨值折讓 ＝ 1 －（＄2.0／＄2.3）
　　　　　　　　 ＝ 13.04％

　　一般以資產為生產財的企業的股票都以折讓於每股資產淨值的價格在市場買賣。讀者可能會問為什麼這類股票會折讓於資產淨值，不是＄1資產就應該以＄1成交嗎？主因是這裡存在風險溢價或風險貼水的因素。在正統的財務學，每項資產都存在風險的因素，每項資產都存在着諸如管理、利率、天災人禍等風險，我們會將所有的風險概括在風險溢價。即這個資產折讓反映有關風險因素。在一項國外統計中，有關管理層素質的折讓就多達資產的15%。

　　另一方面，我們卻見市場部份股份的成交價長時間高於每股資產淨值。根據大部份選股系統，選股應選資產淨值折讓大的股份，但我們往往看到很多企業的股票不單以資產淨值溢價成交，而且在市場上表現不錯。資產淨值溢價（Premium to NAV）是計算方式是：

資產淨值溢價　＝　（股價／每股資產淨值　－　1）

　　例如A企業的每股資產淨值是＄5，而該企業股價是＄6，則該企業的資產淨值溢價：

$$[(\$6 / \$5) - 1] \times 100\% = 20\%$$

　　這類能夠以資產淨值溢價成交的企業多以工業製造業或服務業為主，他們的營運並不是以豐厚的資產為先，而是取決於員工貢獻等因素。就以美國的企業為例，就有投資者看重它們的資產淨值。反之，假如我們所投資的是一家房產仲託企業（Real Estate Investment Trust，簡稱"REIT"），它的每股資產淨值就是我最大的考量。

6.3.2 市帳率的計算

　　市帳率（P／B Ratio）的概念與資產淨值折讓／溢價是相類似的，它的計算方式是：

　　市帳率 ＝ 股價／每股帳面值

　　傳統的選股標準是市帳率愈低愈好。例如市場上有A企業及B企業，他們的市帳率分別是5倍及3倍，我們便會選只有3倍市帳率的B企業。簡單極了！但每股帳面值（Book Value Per Share）到底跟每股資產淨值（NAV Per Share）是否一樣。如果一致，那上述兩條公式只是計算方式不一樣，但意義亦一樣。帳面值的定義

在於資產負債表上，所有的資產減去所有負債、優先股及無形資產（Intangible Assets），有些學者亦稱帳面值為動用資本（Capital Employed），我們從資產負債表的角度來看，它是可用資本。在這裡我強調的是資產負債表，由於資產負債表只記錄財政年度最後一天的資產負債情況，我們可以狹義地認定帳面值只顯示資產負債表制定當日企業的帳面價值。由於企業的財務狀況是每天在變動的，故此，也有投資者以「經調整帳面值」（Adjusted Book Value）這個概念，就是因應企業財政狀況而調整構成帳面值的各項財務數據而計算出的帳面值。簡單來說，帳面值是資產負債表制定日的資產情況，經調整的帳面值是日後按變化計算的資產值。相反地，當我們說，資產淨值（NAV）時，習慣上我們只計算當天企業資產值，而非特定指資產負債表日。當資產淨值是指資產負債表日，我們稱它為「帳面資產淨值」（Book NAV）。故此，在某層面上，兩者意義是一致的，但在運用習慣上，他們卻有一點點的小區別。

6.3.3 有關資產淨值的問題

在理解上述兩者分別後，我們卻要查究這數據的可信程度。

理論上，資產負債表是經核算師審核的，數據應該是公平的。但透過下面的討論，大家在使用這些數據時也會變得謹慎。

1. 帳目合併（Consolidation of Accounts）所帶來的問題

假如某家控股企業的部份營運是透過非全資附屬企業進行，它在財政年度結束時需要將附屬企業的盈利／虧損及資產／負債合併到控股企業內。在會計實務上，通常被接受的處理方法是「合併會計法」（Consolidation Method）及「權益法／平衡法」（Equity Method）。使用這種方法的微妙之處，在於不同方法會給予控股企業帳面上不同的資產總值。

首先，我們假設有兩家企業；A企業及B企業。A企業持有B企業60％的股份權益。在最近的財政年度，他們的財務報表分別為：

例子：A企業資產負債表（元）

固定資產	700,000	資本	500,000
於B企業的投資額	200,000	儲備	180,000
債務人	180,000	盈利	80,000
		股東權益	760,000
		負債	320,000
	1,080,000		1,080,000

A企業損益表（元）

開支	700, 000	銷售	780, 000
盈利	80, 000		
	780, 000		**780, 000**

B企業資產負債表（元）

固定資產	400, 000	資本	300, 000
存貨	200, 000	儲備	50, 000
債務人	100, 000	盈利	20, 000
		股東權益	370, 000
		負債	330, 000
	700, 000		**700, 000**

B企業損益表（元）

開支	260, 000	銷售	280, 000
盈利	20, 000		
	280, 000		**280, 000**

合併方法一：比例合併會計法（**Proportional Consolidation**）

A企業（綜合）資產負債表（元）

固定資產 [700,000＋400,000 x 60%]	940,000	資本	500,000
存貨 [200,000 x 60%]	120,000	儲備	180,000
債務人 [180,000＋100,000 x 60%]	240,000	累積盈利	80,000
		合併調整	418,000
		股東權益	1,178,000
		負債 [320,000−330,000x60%]	122,000
	1,300,000		1,300,000

A企業（綜合）損益表

開支 [700,000＋260,000x60%]	856,000	銷售 [780,000＋280,000x60%]	948,000
盈利 [80,000＋20,000x60%]	92,000		
	948,000		948,000

合併方法二：全面合併會計法（Full Consolidation）

A企業（綜合）資產負債表

固定資產 [700,000＋400,000]	1,100,000	資本	500,000
存貨	200,000	儲備	180,000
債務人 [180,000＋100,000]	280,000	累積盈利	80,000
		合併調整	22,000
		股東權益	782,000
		小數股東權益 [370,000x40%]	148,000
		負債 [320,000＋330,000]	650,000
	1,580,000		1,580,000

A企業（綜合）損益表

開支 [700,000＋260,000]	960,000	銷售 [780,000＋280,000]	1,060,000
小數股東權益 [20,000x40%]	8,000		
盈利 [80,000＋20,000x60%]	92,000		
	1,060,000		1,060,000

合併方法三：權益法／平衡法（Equity Method）

A企業（綜合）資產負債表

固定資產	700,000	資本	500,000
於B企業的投資額	200,000	儲備	180,000
債務人	220,000	累積盈利	80,000
		合併調整	40,000
		股東權益	800,000
		負債	320,000
	1,120,000		**1,120,000**

A企業（綜合）損益表

開支	700,000	銷售	780,000
盈利〔80,000＋20,000x60％〕	92,000	所佔B企業盈利〔200,000x60％〕	12,000
	792,000		**792,000**

綜合來看，不同的方法所產生的數字是：

表6.8：各種合併會計法的計算結果

	盈利	股東權益	動用資金
比例合併會計法	92,000	1,178,000	1,300,000
全面合併會計法	92,000	782,000	1,580,000
權益法／平衡法	92,000	800,000	1,120,000

在上述例子中，我們只用兩家企業的數據以顯示不同的合併會計法會帶來不同的結果，試想一家擁有上百家附屬企業的上市控股企業，它們在會計規則容許下，實際上可以公佈一些對他們有利的數據。故此，採用資產淨值或帳面值來作選股準則時，我們必須考察不同企業採用的會計方法。

2. 項目收購所帶來的問題

十多年前的某日，香港的報章有一則特別醒目的廣告，題目是「二億元買一種橡皮擦」，內容是抗議某上市企業的管理層向第三方以高價收購一項該股東不認為合適的投資項目。當然我不知道這一項投資的來龍去脈，亦忘了結果是怎樣，但是確實有不少投資者質疑上市企業以高價收購一些他們認為素質不明的資產背後的真正原因。我在此暫且不討論這些項目的收購價是否合理，但是如果一家上市企業確實以超高價收購資產，那麼我們應否相信資產淨值或帳面值呢？當然有人會挑戰現狀，認為只要該項資產保留在企業帳目上，則該項投資項目即可每年提供穩定的回報。有些投資者甚至認為有些可以買得到好的投資項目是罕有的，故此付出溢價來收購投資項目是無可厚非的事。而事實上，在可容許的會計準則中，高出投資項目的應有價值是可以以「商譽」（Goodwill）入帳，並且在以後日子逐步將「商譽」進行撥備（提存）。我倒不是爭駁這種正常的交易，而是關注企業會否在購入資產後不久便會將資產大幅撇帳。事實上，大幅撇帳的情

況在市場上屢見不鮮，我相信大部份的撇帳都是因為外在而不可
控制的環境所致。但在現今的投資社會中，我們又不能完全排除
某些管理層是因為某些原因而刻意高價買入資產，然後再進行大
幅撥備。在此情況下，我們亦應該同時考慮企業管理層素質。

3.因估價而引起的問題

在企業帳目上，非上市的投資項目或資產是需要按市價來
入帳的；假如，市價較購入價格為低，企業需要進行撥備，並在
損益帳表上從盈利中扣去相等撥備的數額。反之，如果投資項目
或資產的估價是高於購入價，增值的部份會錄入資產負債表中的
儲備（Reserve）。但這裡的關鍵在於估價。估價一般是由管理層
自行或專業估價企業所確定，假如核數師認為這個估價是合理
及公平的，他們便會同意。反之，如果核數師不同意，而管理
層又不願意修改，核數師可能發出「有保留意見」的核算報告
（Qualified Report）。通常專業投資者是不會投資於那些帳目曾
經被核數師發出「有保留意見」的企業。因此，在以資產淨值或
帳面值來做選股準則時大概必須要附上企業曾否被核數師發出
「保留意見」一欄以資參考。

另一方面，核數師在核算時仍有他們的限制，導致估價未必
能真實及公平地反映投資項目或資產的價值。舉例有一家上市企
業持有一家非上市企業的股份，購入價是每股10元，但該非上市

企業的資產淨值只有每股5元，更有趣的是該企業在過去三個月內又能以每股15元的價格出售了20%的股份。這時候，到底這非上市企業的公平價值是5元、10元或是15元呢？

我們可以從上面知道即使企業在資產負債表中所列舉的財務數據經由專業的會計師及核數師肯定，但爭議的空間依然存在。正因如此，以資產淨值與帳面值作為選股準則時應作特別考量，特別應關注管理層的誠信素質。

6.4 股息率（Dividend Yield）及股息分派比率（Dividend Payout Ratio）

6.4.1. 股息率的計算

縱觀主要的選股系統中，股息率是一個非常普遍的選股準則，一般決定尺度不少於其他優質債券的孳息率。股息率的計算方式是：

$$股息率 = \frac{（中期每股股息＋末期每股股息）}{股票價格} \times 100\%$$

6.4.2. 股息分派比率的計算

它基本上是指假設投資者以現實股價買入股票並持有不少於一年，所獲得的回報。我必須強調以股息率為選股準則的投資者

應以股息收入為主要目的。假如投資者的目的是從股價升值多賺取利潤；他們應該棄用股息率。反之，他們應該使用派息比率。派息比率是指一家企業在一個財政年度向普通股股東配發的股息佔同期該企業所賺取的純利的百分比，即

$$派息分派比率 = \frac{（中期每股股息＋末期每股股息）}{全個財政年度每股盈利} \text{ X } 100\%$$

6.4.3. 股息率及股息分派比率的陷阱

在衡量股息率時，投資者會選擇息率較高的股份。但派息比率則不同，假如投資者是找尋一些盈利高增長的股份，它們應該選取派息比率偏低的股份，因為企業會將大部份的盈利用作「再投資」（Re-investing）。理論上，再投資款額愈大，企業在以後的盈利增長會愈快。相反地，當企業願意將大部份賺得的盈利派發給普通股股東而不作再投資，這可能反映了：

1. 企業未能物色到合適回報的投資項目；
2. 管理層在業務發展方面轉趨保守；

3. 企業本身所屬的行業正處於衰落階段,或到達成熟階段,故此再作巨額投資亦不能擴大市場佔有率或擴闊邊際利潤(Marginal Profit);

4. 企業主要產品或服務邊際回報(Marginal Returns)開始進入「遞減」(Diminishing);

5. 因企業的知識產權、生產技術過時等原因而導致競爭力的衰落;

6. 企業已有足夠資金應付未來一、二年的業務發展。

姑不論企業因為何種原因而不願意進行大幅再投資,企業的未來盈利增長速度將會放緩。

對於企業應保留多少盈利作支援未來營運及業務發展的資金需求,各方學者提出不少理論。眾多理論中,有一個自Higgins的「可持續增長率」(Sustainable Growth Rate,簡稱SGR)概念較受市場採用。我會在「增長」一節(6.5.1節)詳細討論Higgins的版本。在這裡,我所介紹的是一個傳統的計算方式:

可營銷收入增長率 ＝ ROE x（1 - 股息分派比率）
此處 ROE＝股權回報（Return on Equity）

　　舉例說，某企業的穩定股權回報率是15%（注意：我所指的股權回報率是較長期而且是較穩定的，並非單一年的回報），而企業的股息分派比率是40%，則：

可營銷收入增長率　＝　15%　x　（1－40%）＝　9%

　　此即表示這家企業在不需要額外舉債的情況下，每年可達到的盈利增長率是9%。從另一個角度來看，如果此企業要獲取更大的盈利增長；它可以（1）向貸款機構或市場融資；或（2）減少股息分派比率。

　　在應用股息分派比率作為選股準則時，另一個關鍵的概念是「現金流」（Cashflow）及盈利的分別。在應用財務學發展之初，股息率等概念已經開始被廣泛採用。但盈利這個概念很快便因為「現金流」概念的出現而變得褪色。投資者會強調企業實際在營運方面賺得多少現金而非盈利，因為盈利會因不同的會計政策而有所改變。故此，我認為在使用股息分派比率時，可以考慮將派息金額比對現金流。

　　事實上，我曾經遇過某企業寧願派發大部份所賺來的現金作股息，並刻意堅持採用股息分派比率。讀者可能會問為甚麼企業管理層那麼執著及堅持慣用的股息分派比率？我想最大的原因以下有兩個：

1. 討好某一群股東。原來有些基金經理在選股時主要著眼
   於股息回報，特別是那些退休基金基金經理。假如企
   業因為實際現金流入的減少而減低股息分派比率，這
   群投資者可能會沽出股票轉投其他高息股票；

2. 配發現金與控股股東。這情況在亞洲區並不罕見，因為
   很多企業的董事局仍然是由控股股東所控制。由於他
   們所持的股份不少，在派息時自然會獲取大部份的現
   金股息。在我多年投資生涯中，我就曾經遇見過一家
   企業每年一定慷慨的派發高息，但企業在需要額外資
   金時，又馬上進行供股或發行新股。

相反地，有些企業在帳面上的現金是非常豐富，但卻在建議
分派股息時又出奇的吝嗇，不肯與股東分享盈利。這現象其實並
不健康，而事實上有很多投資者因為迷信腰纏萬貫的主要股東會
有一天分派企業手頭上現金而招致損失的事例更是司空見慣。

控股股東不願分派高的現金紅利或股息的原因：

1. 當然部份是與他們的管理信念一致，偏向保守；

2. 企業可能策劃大型的投資項目，並在市場的另一方經常
   發出迷惑股東的訊息顯示企業即將進行大規模投資於
   某些新項目。但歷史告訴我們「大型投資計劃很多時
   候只有一半機會成功」；

3. 企業的現金根本就不在控股企業手上。為避免風險,大部份控股企業都會將實質營運工作交由附屬企業或聯營企業進行。當這些營運企業賺得現金收入時,它們會透過分派股息的機制向控股企業輸送現金。假如控股企業擁有附屬企業大部份股權或投票權,這裡不會產生甚麼大問題。但假如控股企業沒有絕大多數的股票,即使綜合帳上的帳面資金充裕,控股企業對取得該等現金仍會是無能為力;

4. 當今的上市企業多會是跨地域的運作。如果像香港這類資金可以自由出入的市場,現金的流轉當然是沒有問題的,但在某些國家,外匯管制及資金的流出及流入有較嚴格的規定。假如上市企業是在資金管理較嚴的地區獲得可觀的現金收入,並不代表該企業能夠按時將盈餘匯出。在過去數十年,這種現象非常普遍,因為很多企業在大陸都能累積不少現金,然而,當他們準備將資金派送給在境外控股企業時,因手續較多,時間上未必能夠配合到上市企業的派息時間表,以致他們在帳面上有充足現金但卻不能與股東分享成果。我就曾經遇過一個極端的例子,管理層為了已定的股息分派率而要向貸款機構借入短期現金以應付派息需要。

　　綜合來看，股息率應視為以收息為主的投資者之主要選股準則，而股息分派比率則是判斷企業未來盈利增長的探熱針，對追求企業盈利高增長的投資者是可以選取低股息分派比率的原因。

6.5 增長（Growth）及PEG比率（PEG Ratio）

　　希望透過追求股價上升而獲利的投資者十有八九都是以企業的增長來作選股工具。在這裏，增長是指兩方面的增長；（1）盈利增長；（2）資產增長。

6.5.1 盈利增長的意義

　　一家企業的盈利增長主要來自兩方面，一是透過企業業務的優化及透過投資來達成，即所謂「自然的增長」（Organic Growth）；二是透過收購與合併來達成增長目的，即所謂「以收購推動增長」（Growth by Acquisitions），簡單來說，自然增長可以下列公式代表：

　　營銷收入增長率 ＝ ROE ×（1-股息分派比率）

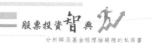

ROE是股權回報，我在前章已經討論過這公式，故此在此略過。Higgins（註九）在1997年提出一家企業的增長應該與企業本身的財政狀況掛鈎的。假如一家企業希望追尋較快或較大的盈利增長，它可能需要向信貸機構借入資金或在市場融資。Higgins的判斷公式是：

SGR ＝ P x R x A x T
即可持續增長率 ＝
毛利率 x 保留率 x（營銷收入/資產比率）x 資產/股權

此處：

　P：毛利率（Profit margin）＝ 盈利／營銷收入
　R：保留率（Retention rate）＝（1—每股股息/每股盈
　　　利）
　A：營銷收入／資產比率（Revenue／Assets）
　T：資產／股權（Assets／Equity）＝ 財務槓桿

這種分析方法，簡稱PRAT，而所算出的是「可持續率」（Sustainable Growth Rate，簡稱SGR）。

註九：Higgins, R. C.,（1977），"How Much Growth Can the Firm Afford？" Financial Management, Fall 1977, 7-16頁

例子：假設某企業

▶營銷收入（Revenues）是 $ 50, 000, 000

▶盈利（Earnings）是 $ 35, 000, 000

▶總派股息分派比率（Dividend Payout Ratio）是50%

▶總資產（Assets）是 $ 150, 000, 000

▶股權（Equity）是 $ 500, 000, 000

則

可持續增長率＝（ $ 35, 000, 000/ $ 50, 000, 000）x

（1-50%）x（ $ 50, 000, 000/ $ 150, 000, 000）x

（ $ 150, 000, 000/500, 000, 000）

＝0. 7 x 0. 5 x 0. 33 x 0. 3

＝0. 03465 或 3. 465%

採用Higgins的理論，我們在選取股票並不是單以營銷收支增長的高低來衡量，而是應察看企業資源可支撐的增長。誠然企業可以透過供股或向市場增發股票來集資，而事實上，集資亦是股票市場的一個主要目的。但投資在這類以發行新股為增長的企業時，我們必須仔細瞭解它們的集資目的。

有投資者卻認為Higgins的理論實在太保守，其實股票投資者是著眼於增長，有增長便有利潤，這是千真萬確的，但我們需要問的是我們應該用哪一個價錢來購買這種增長？畢竟投資者不

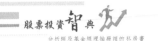

應盲目付出高價來購買高增長的股票。關於這個問題，我們以
「增長的合理價格」（Growth at Reasonable Price，簡稱GARP）
的概念回應，即是說用錢購買增長是沒有問題的，但價格應該合
理，具體化GARP概念方面，我們常會用PEG比率（PE／Growth
Ratio，簡稱PEG Ratio）。這個因Peter Lynch大力推廣而廣為人知
的計算方式是：

PEG 比率 ＝ 市盈率／每股盈利增長率

例子：假設某企業
▶股票價格是 $1.2
▶預計每股盈利是 $0.45
▶預計未來每股盈利較剛完結一個財政年度每股盈利增長
15%，
則
PEG比率 ＝ （$1.2 ／ $0.45）／1.5
＝ 1.78

這個公式的解釋可以是每10%的盈利增長，投資者目前願意
付出的價格是10%的1.78倍。Lynch在應用上的量度指標是：

PEG比率 ＞1 該股份價格太高，應沽出。

PEG比率 ＝1 該股份價格合理，可繼續持有。

PEG比率 ＜1 該股份價格被低估，可買入。

提出以1為量度準則，即代表每10％的增長，他只願意付10％的一倍價格，又有些投資者認為PEG比率只反映市盈率而忽略企業所派發的股息，認為股息是應該加上的，故此我們亦由PEG 比率擴展成PEGY模式。其計算方式是：

PEGY ＝（市盈率＋ 股息率）／預期每股盈利增長

雖然有投資者覺得這種改進是吹毛求疵，但卻認為這是無可厚非的，其理由是真理愈辯愈明白吧！

在實戰中，另一個我亦常用作估計增長率的準則是「股息折算模式」（Dividend Discount Model，簡稱DDM），在闡述市盈率時，我曾經簡單談過這個模式的用處，但在這裏，我從另一個角度來看這模式。簡單的DDM是：

市盈率 ＝ 股息分派比率 ／（市場貼現率 ― 預期企業每
　　　　　股盈利的增長）

由於市場貼現率 (註十) （Discount Rate）是較為穩定的，而股息分派比率及市盈率是最普通的，故此我們便可以粗略估計市場在已知的股價下期望企業的盈利增長情況。

（例子）假設某企業

▶股價是 $ 4.8

▶市場貼現率是18%（可從證券企業分析員獲得）

▶預期每股盈利是 $ 0.8

▶預期企業股息是每股 $ 0.3

則

$$\frac{\$4.8}{\$0.80} = \frac{\$0.30 \diagup \$0.80}{18\% - 期望盈利增長}$$

期望盈利增長＝11.75％

換言之，市場期望這企業在可見未來每年的盈利增長是11.75％左右。假如我們預計這企業的未來盈利遠超出這增長率，則該股票並不高價，可買入或長線持有。反之，則反映市場高估了該企業未來的盈利增長。

註十：貼現率計算方法是CAPM，即以市場無風險（Risk-free Rate）減去市場風險溢價，公式是CAPM Discount Rate ＝ $[r_f + \beta (r_m - r_e)]$ 詳請可參關本章第七節：風險與啤打系數或《證券價格評估「智」典》一書。

　　除了企業自然的盈利增長外，企業亦可以透過併購來擴展。
即「以收購推動增長」（Growth by Acquisitions）。假如一家企業
是以現金進行收購，我們需要的訊息是企業的借貸成本，然後比
對該項收購的預期回報，即可了解是項收購是否對企業有利。但
假如企業是以發行股份作收購代價，則我們需要作進一步分析。

假設：A企業準備發行新股以收購B企業的全部股份。

它們的資料如下：

A企業

　　▶已發行普通股股份是123,000,000股

　　▶預期盈利是 $45,000,000（即每股盈利是 $0.37）

　　▶目前A企業股份在市場的成交價是 $5.00

　　▶企業打算發行23,000,000股普通股股份並作收購價

B企業

　　▶已發行普通股股份是24,000,000股

　　▶預期盈利是 $1,800,000（即每股盈利是 $0.075）

　　▶目前B企業股份在市場的成交價是 $1.41

則

收購B企業的代價：

　　　　B企業股價 × 已發行普通股股份

　　＝　$1.41 × 24,000,000

　　＝　$33,840,000

A企業需要發行： ＄33,840,000／＄5.00

＝ 6,768,000股普通股

即A企業需要發行6,768,000股普通股作為收購B企業代價。在成功收購後，A企業的財務資料會是：

▶所有已發行普通股股數：123,000,000股＋6,768,000股＝129,768,000股

▶包括B企業盈利後，A企業的盈利：＄45,000,000＋＄1,800,000＝＄46,800,000

▶收購後，A企業的每股盈利：＄46,800,000／129,768,000股＝＄0.36

在上述例子中，A企業透過收購B企業獲得4.0％的盈利增長（即由＄45,000,000增至＄46,800,000），但每股盈利卻從＄0.37跌至＄0.36，這種情況我們說A企業是「破壞股東價值」（Shareholders' Value Destruction）。每股盈利下跌的原因是因為A企業以13.51倍的市盈率收購市盈率在18.8倍的B企業股票，即收購比本身價格昂貴的資產。相反地，如果A企業的市盈率較B企業的市盈率為高，每股盈利在收購後會有一定的增長，在此情況，我們稱為「創造股東價值」（Shareholders' Value Creation），換言之，當：

收購企業市盈率 ＞ 被收購企業市盈率：創造股東價值

收購企業市盈率 ＝ 被收購企業市盈率：股東價值無變化

收購企業市盈率 ＜ 被收購企業市盈率：破壞股東價值

故此，當投資者考慮一家企業在進行收購時，應考慮它所付出的代價，而非盲目相信所有併購都會有利於上市企業。

6.5.2 資產增長（Growth of Book Value）的意義

資產增長與盈利／營銷收入相若，一家企業可以透過「自然增長」（Organic Growth）（即在沒有任何併購的情況下）或「以收購推動增長」（Growth by Acquisition）達成增長。

計算資產自然增長的公式是：

$$BV = BV_0 + (1 - p) \, x \, PAT + S\Delta_n$$

$$BV = BV_0 + (1 - p) \, x \, ROE \, x \, BV + S\Delta_n$$

此處　　BV：資產值

BVo：原來的資產值

PAT：稅後盈利（Profit After Taxes）

股票投資智典
分析師及基金經理抽屜裡的私房書

P：股息分派比率

Δ_n：期內新增發普通股股份數目

ROE：股權回報（Return on Equity）

計算每股資產（Book Value Per Share）自然增長的公式是：

$$BVPS = [BVPS_0 \ x \ (1 - \alpha g_s)]/\{[1 - (1 - p) \ x \ ROE] \ x \ (1 + g_s)\}$$

此處：$BVPS$每股資產值

$BVPS_0$：原來的每股資產值

α：$S / BVPS$

P：股息分派比率

S：增發新普通股時作價

g_s：新增普通股股份數目的增長率

ROE：股權回報（Return on Equity）

　　至於以收購手段來達到增長目的，筆者在資產淨值及市帳率一節已經作出介紹，在此不作複述。總體而言，當投資者利用增長率來作為選股系統時需要特別注意以下各點：

1. 企業的增長是否超乎企業本身的能力；
2. 企業是利用何種方法去達成增長的目的；
3. 企業在進行購併時會否破壞企業本身的價值。

6.6 短期資金流動（Short-term Liquidity）及流動比率（Current Ratio）

6.6.1 流動比率的計算

這裡說明的選股準則是企業短期資金流動愈鬆動愈理想，短期資金流動是指一家企業在一年內應付資金週轉的能力，即使一家企業的資產豐厚，它也未必能夠應付短期的週轉而導致週轉不靈。當我仍然是一位股票分析員的時候，一位我非常敬重的房地產企業老闆曾經對我說；很多人都認為房地產企業的成功要訣是「位置、位置及位置」（Location, Location and Location），但事實上這觀點導致不少房地產企業蜂擁高價爭購位置理想的土地，結果換來的是資金短缺，甚至倒閉。他將這句名言改為「位置，位置及現金流」（Location, Location and Cashflow），即是指短期現金的週轉能力是一項投資項目的成敗關鍵，事隔多年，筆者也認為該結論準確不差。

我們主要是依靠流動比率（Current Ratio）及速動比率（Quick Ratio）來衡量一家企業的短期資金週轉能力。流動比率

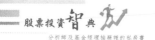

及速動比率的計算公式是：

　　流動比率 ＝ 流動資產÷流動負債

　　速動比率 ＝ 現金或現金類資產÷流動負債

一般來說，判斷尺度是：

流動比率 ＞ 1：企業短期資金週轉能力強

流動比率 ＝ 1：一般

流動比率 ＜ 1：企業短期資金緊絀，有週轉不靈的可能

速動比率是較流動比率更嚴苛的衡量尺度，市場並沒有一個特別的標準去考核它，但原則上仍然是愈高愈理想。

6.6.2 流動比率的陷阱

在使用流動比率及速動比率時，下列數點需要特別注意：

1. 時間性不強

計算流動比率及速動比率的財務項目都是從企業的資產負債

表中抽取出來的，眾所皆知資產負債表只記錄整個財政年度最後一天的企業財政狀況，究竟企業在此結算日以後到底有沒有明顯的改善或變壞，我們不得而知，另一個極端的角度是管理層有沒有在結算日前刻意修飾結算日的財務數據呢？

2. 流動資產的估值問題

流動資產主要是包括現金、現金類的資產、庫存（Inventory）、應收而未收帳款（Accounts Receivables）。除非該上市企業持有大量外國貨幣，現金的估價應該沒有太大的爭議，但對於庫存及應收而未收帳款的估值則有很大的商榷空間。庫存有如下幾層意義，它可以（1）是生產商剛生產出來的而並未推出給分銷商或客戶的貨品；（2）是存倉以應付分銷商的要貨；（3）分銷商所持有的貨品；及（4）客戶或經銷商退回來的貨品，由於性質不同，它們的估價可能相差甚巨，最明顯的例子是一種剛生產的貨品與一種被客戶退回來的貨品。

應收而未收帳款的處理更難，債務人在應付期限後依然未付款，該筆款項應被視為壞帳還是好帳？在企業以外是難以判定的，即使在企業裏，假如債務人是一家在逃稅天堂成立的空殼企業，這筆資產的素質可能是壞透的，但在會計準則下，它們仍是資產。

3. 現金類資產（Cash Equivalents）的定義問題

所謂現金類資產是指可以隨時變現的資產，通常的項目是黃金、掛牌證券。對黃金及流通較大的掛牌證券當然沒有太大的問題，但對一些成交稀疏的掛牌證券，問題比較明顯。舉例說，某企業的主要流動資產是另一檔成交稀疏的股票。當股票指數在21,000點時，它的成交價是＄5，但其後股票指數跌至18,000點，但這股票的＄5是否為合理的價格？在這例子中，＄5是市場價格，看來似乎是一個非常公平的價格，但核算師在核算時應否接納＄5這個數呢？事實上在實際運作時，核算師一般不會接受這個所謂成交價，他們或許要求企業將這檔股份的價值略為調整。我可以告訴大家，這種調整是沒有準則的，只要在會計及審計原則下獲得接受便可。

又再假設一家企業的主要業務就是買賣股票，無論在甚麼時候，這企業都持有大量的掛牌證券。亦因如此，這企業根本沒有任何資產，現在的問題是當這企業計算速動比率時，這批掛牌證券應否算作現金類資產？根據常用的會計準計，這家企業的速動比率，甚至流動比率都不會將它所持有的掛牌證券視為流動資產。

又另一個例子，假如現在有一家企業，它原來的本業是製造以火水（火油）為燃料的煮食爐，但由於市場對這類產品需求不

大，故此該企業決定退出這個行業，作為過渡性安排，這企業將
所有資產轉現並將現金買入掛牌證券，在這例子中，所有的掛牌
證券應被視為企業的流動資產，甚至是現金類資產。從上述各個
例子中，我們可以看到現金類資產的定義是具彈性的。

4. 保證性銀行存款（Pledged Deposits）的問題

在一些企業短期資產帳戶上，我們會發現除了現金、銀行存
款外，亦會有保證性銀行存款，這類存款一項是貸款機構要求存
放以抵押另一項貸款。最常見的例子是替位於有外匯管制市場的
附屬企業作保證；另一個例子是作為購入投資項目或資產的保證
金。本質上，這些存款仍屬企業，但在短期資金週轉時，存入款
項的企業又不能夠隨便利用，問題是它們應否用作計算流動比率
與速動比率？業界對此並沒有一個絕對的標準，就筆者而言，一
般會將該筆存款包括在流動比率計算內，因為企業可以透過較簡
單的安排而套現，但在計算速動比率時，則不會將這種保證性資
產計入。

從上述的討論中，我們可以看到雖然市場上對考量企業短期
週轉能力有一定的共識，但在運作流動比率及速動比率時，我們
又不難發現有關的陷阱，這說明選股系統能夠迅速及容易地選到
一批符合選股條件的股票，但深入又詳細的考核是有必要的。

　　此外，在考量企業短期資金週轉能力時，有投資者會利用存
貨週轉天數等準則，筆者也沒有太大的異議，但由於此會計比率
已經被流動資產及流動負債所涵蓋，而且它們多被用於考察管理
層質素，在此不多作討論。

6.7 風險（Risk）及啤打系數（Beta Co-efficient）

6.7.1 啤打系數的計算

購買一家企業的股份時，主要風險主要來自三方面；（1）基本面的風險，就是企業會否倒閉或管理不善；（2）整體經濟及政治環境的風險，就是大市會否大幅下挫而導致股價下跌；（3）股價波動，就是股份波動較大市整體波動為大。股份價格緊隨大市指數波動是無原因的，市場的風險稱為市場風險（Market Risk）或系統性風險（Systematic Risk），理論上是可透過分散投資來減低，但假如股份價格頻密程度及幅度較市場為大，則代表投資予這家企業是需要面對更大的風險，而且該等風險更是難以避免。這類型風險，我們稱為「個別風險」（Firm-specific Risk）或「非系統風險」（Unsystematic Risk）。

非系統性風險，一般是用啤打系數（Beta Co-efficient）來表示。啤打系數的數學符號是 β, 而計算方式是：

$$\beta = \text{COV}(r_a, r_m) / \sigma_m^2$$

股票投資智典
分析師及基金經理抽屜裡的私房書

此處：

COV（r_a , r_m）證券a的收益市場收益的協方差（Correlation）

σ_m^2 市場收益的方差（Variance）

或

β = P_{am}（σ_a / σ_m）

此處：

P_{am} 證券a與市場的協方差（Correlation）

σ_a 證券a的標準差（Standard Deviation）

σ_m 市場的標準差（Standard Deviation）

簡單來說，啤打系數是指一檔股份價格波動的幅度（Volatility of a Stock）與整體大市波幅的比較。它的解讀是：

啤打系數 >1，股價波幅較市場大，風險因此較大；

啤打系數 =1，股價波幅與市場相若，風險一般；

啤打系數 <1，股價波幅較市場小，風險較低

假設，A股份的啤打系數是1.35，代表當市場指數上升10％時，據過往的數據，它的股價是會上升13.5％。

利用啤打系數來作選股準則時，我們傾向選擇啤打系數較低的股份。當然這不是鐵律，因為低啤打系數亦可能表示

此股份成交量非常低，如果選取這股份可能會使投資者面對「流通量風險」（Liquidity Risk）。

6.7.2 啤打系數的陷阱

啤打系數的運用正是日漸普遍，投資者可以從大多數的股票報價系統找得到這數據。正如其他選股準則，在使用啤打系數作為選股準則時，我們需要瞭解這個數據的背後意義及有關缺陷：

1.啤打系數並沒有時段定義

當我說A股份的啤打系數是1.35時，其實我並沒有說用此啤打系數是根據哪個時段的成交紀錄，究竟這是過去一年的數據？或者是過去六個月的成交數據？如果股票報價系統沒有說明，我們根本就不知道原來市場根本沒有一個公認的準則，雖然愈來愈多投資者會採用一年作為單位。

2.歷史不一定重複

啤打系數是以過去股份成交的價格作為計算基礎，故此系數可說是只反映過去某檔股份的質素及特性，但企業營運是靈巧多

變的，過去的歷史未必能夠如實反映今天企業的狀況。

另一方面，我們採集數據時，企業的基本面可能是正處於突變期，例如企業剛宣佈供股集資，或將會進行新的投資項目，在這段時間所採集的數據可能會帶來誤導。

3.啤打系數只是簡單的統計技巧，有粗疏之疑

熟識統計學的讀者大概會留意到啤打系數就是「線性迴歸分析」（Linear Regression Analysis）的技巧，它所指的就是「斜度」（Slope），我不打算在這裏詳細闡釋這種技巧的缺點，因為相關材料在網上比較容易找到。但概括來說，它只是一個指示性的指標，無法細緻地解釋過去的走勢。

4.啤打系數不能解釋企業的發展軌跡

企業的成長是有階段性的，而非一年一循環，大型房地產公司是比較明顯的例子；在大型房地產開發中，開發商由買地、規劃到興建可供出售的房產最少要花三至四年，在興建初期開發商的債務難免會偏高，加上盈利不高，股票市場的投資者多不願意買入股份，但踏入收成期時，在預期盈利會倍增的情況下，股票投資者可能願意付出較高的價格去購買這家開發商的股票。明顯地，開發商的股價在這兩段時期會有所參差。由於啤打系數通常只涵蓋特定時段的成交數據，以至於未能反映企業所處的發展階段。

6.7.3 啤打系數的計算例子

但假如股票報價系統真的沒有提供啤打系數，我們可以用下面一個簡單方法來計算。

例子：假設股份P及市場在過去十二個月的回報是：

表6.9：股份P與市場表現

	股份回報	市場回報
一月	-4.94%	-6.74%
二月	-1.77%	-1.64%
三月	9.51%	12.11%
四月	4.60%	14.02%
五月	8.30%	16.05%
六月	0.99%	-1.12%
七月	7.80%	11.26%
八月	-1.61%	-6.06%
九月	6.43%	7.48%
十月	-0.29%	2.28%
十一月	3.02%	2.02%
十二月	1.80%	-2.57%

我們可以用下面的公式求出股份p的啤打系數：

$$\text{股份P的啤打系數} = \frac{\sum pm - n\overline{p}\,\overline{m}}{\sum m^2 - n\overline{m}^2}$$

此處：

r_p：股份的回報

r_m：市場回報

r_f：無風險回報（Risk-free Rate）

P：（rp-rf），即股份P的額外回報（Excess Return）

m：（rm-rf），即市場的額外回報（Excess Return）

n：期數

$\overline{p}$：P的平均數（Average）

$\overline{m}$：m的平均數（Average）

套入表6.9中資料於上述公式，計算如下：

表6.10：股份P啤打系數的計算

	股份回報	市場回報	無風險回報	股票P的額外回報
	rp	rm	rf	p=（rp-rf）
一月	（0.0494）	（0.0674）	0.0600	（0.1094）
二月	（0.0177）	（0.0164）	0.0600	（0.0777）
三月	0.0951	0.1211	0.0600	0.0351
四月	0.0460	0.1402	0.0600	（0.0140）
五月	0.0830	0.1605	0.0600	0.0230
六月	0.0099	（0.0112）	0.0600	（0.0501）
七月	0.0780	0.1126	0.0600	0.0180
八月	（0.0161）	（0.0606）	0.0600	（0.0761）
九月	0.0643	0.0748	0.0600	0.0043
十月	（0.0029）	0.0228	0.0600	（0.0629）
十一月	0.0302	0.0202	0.0600	（0.0298）
十二月	0.0180	（0.0257）	0.0600	（0.0420）
總和				**（0.3816）**
平均				**（0.0318）**

	市場的 額外回報	m²	Pm
	m=（rm−rf）	（rm−rf）^2	（rp−rf）x （rm−rf）
一月	（0.1274）	0.0162	0.0139
二月	（0.0764）	0.0058	0.0059
三月	0.0611	0.0037	0.0021
四月	0.0802	0.0064	（0.0011）
五月	0.1005	0.0101	0.0023
六月	（0.0712）	0.0051	0.0036
七月	0.0526	0.0028	0.0009
八月	（0.1206）	0.0146	0.0092
九月	0.0148	0.0002	0.0001
十月	（0.0372）	0.0014	0.0023
十一月	（0.0398）	0.0016	0.0012
十二月	（0.0857）	0.0073	0.0036
總和	（0.2492）	0.0753	0.0441
平均	（0.0208）		

則股份P的啤打系數$= [0.0441-(12)(0.0318)(0.0208)] /$
$$[0.0753-(12)(0.0208)^2]$$

$$= 0.0362／0.0701$$

$$= 0.5160$$

即當市場回報增10％時，按過去12個月的數據股份P的回報將會是5.16％。

比較坊間有關選股準則的書本，啤打系數是較為冷門的一個準則，大概是因為過去很多股票報價系統沒有提供這個數據，我並不相信股價的走勢能夠完全地如實反映企業的基本面，因為人為因素在股市操作中扮演着一定的角色。但我卻相信透過個別股份成交價與市場波動的互動，我們可以粗略判斷市場人士是如何評價個別股份及上市企業的素質。正因如此，啤打系數在某層面上反映著市場的看法及意見。

在使用啤打系數作為選股準則時，我們應注意在熊市或牛市時它所扮演的角色不同。在升市時，我們應該選擇一些啤打系數較高的股份，原因是它們在過往是跑贏大市的。相反地，當市道轉差，指數下跌時，我們需要選取一些低啤打系數的股份。

6.8 營運效率
（Operational Efficiency）

　　即使一家企業擁有大量資產，如果它的營運效率不高，企業的盈利前景及業績一定不會好，投資價值亦會低下。在應用實踐上，投資者一般都會使用會計比率來量度一家企業的營運效率。

　　常用的會計比率包括：

---

* 股東權益回報率（ROE）：淨利潤／股東權益
* 資產回報率（ROA）：淨利潤／總資產
* 純利率（Profit Margin）：淨利潤／營銷收入
* 應收帳款週轉天數：365天／應收帳款週轉率
* 應付帳款週轉天數：365天／應付帳款週轉率
* 存貨週轉天數：365天／存貨週轉率
* 平均收帳期：（應收帳款×365）／營銷收入

　　由於本書前章已經對各個主要的會計比率作出介紹，並指出會計比率的有限性，在此不再複述。但在上述各個選股準

則中，很多投資者會同時採用股東權益（ROE）及資產回報率
（ROA）。這當然是無可厚非的，但如果只可以兩者選其中之
一，我會偏向選擇ROE，因為它同時考慮了企業的借貸政策，我
一般只會將ROA用於資產為主的企業，將這些會計比率用作選股
準則時，我們不會用上述各個比率，因為選股準則愈多，我們就
愈難篩選出足夠數量的股份供我們作再進一步考核。

　另一點需要注意的是行業的特點，個別行業的特點特別會在
營運效率類的會計比率中體現出來，因為「數期」跟行業性質有
關，譬如一家百貨企業，它的應付帳款週轉天數會較長，但應收
帳款週轉天數會很短，故此在考量這些比率時，我們應放眼於比
率的平穩性，及與同行業企業的比較，而非它們的高與低。

6.9 選股系統的設定

相信讀者在讀完本章後，應該對不同的選股準則有較深入的認識。在本章前半部，我曾經向讀者介紹「價值投資之父」Graham 的選股系統。這是時候讓大家知道該系統的成績了。在1984年，學者Oppenheimer（註十一）利用Graham 選股系統內的十個準則測試在1973年至1980年間在紐約證券交易所（NYSE）及美國證券交易所（AMEX）掛牌買賣的證券，他的結論是「不無好處」（Not Without Merit）。這種以學者式幽默來做結論實在是有點不是味兒。而究竟Graham的選股系統是有用還是沒有用呢？

原來在Oppenheimer的研究中，他首先遇到的問題是市場並沒有足夠的證券能符合所有的選股準則。下面是他在該段研究期間所選得的股份數目：

註十一：Oppenheimer, Henry, "A Test of Ben Graham's Stock Selection Criteria," Financial Analysis Journal, September – October 1984.

表6.11：Oppenheimer的研究中選得的股份數目
（詳細選股準則見6.0節）

選股準則	（1）及（6）		（3）及（6）		（1）,（3）及（6）	
	NYSE*	AMEX**	NYSE	AMEX	NYSE	AMEX
紀錄日 12／31						
1973	113	123	128	66	78	48
1974	183	124	172	93	117	64
1975	54	83	101	60	17	25
1976	45	67	59	37	10	15
1977	53	58	96	36	17	11
1978	61	42	82	28	29	10
1979	33	15	38	11	9	2
1980	2	3	9	5	0	0

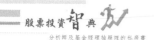

表6.11：Oppenheimer的研究中選得的股份數目

選股 準則	(1), (6) 及 (9)		(1), (3), (6) 及 (9)	
	NYSE	AMEX	NYSE	AMEX
紀錄日 12／31				
1973	21	28	11	5
1974	49	34	24	14
1975	18	26	5	7
1976	10	17	1	4
1977	16	25	4	6
1978	23	21	9	6
1979	20	12	4	2
1980	--	--	--	--

* NYSE：New York Stock Exchange紐約證券交易所

** AMEX：American Stock Exchange美國證交易所

　　換言之，他根本沒有足夠的證券來考核Graham的選股系統，特別是在股市興旺的時候。舉例來說，在1973年能夠符合第1、3、6及9項準則的證券只有16家（NYSE：11家、AMEX：5家），而在1980年美國股市興旺時，根本沒有任何證券能夠符合四項準則。另一個由Lakonishok、Vishny及Shleifer（註十二）在1993年進行分析1968年至1990年間的證券表現的研究，亦面對同一個問題，即符合多項選股準則的證券根本不多，在這份研究中，三位學者是以最基本的市盈率（P／E　Ratio），股價與每股現金流　（P／CF　Ratio）即市帳率（P／BV　Ratio）選股。

　　但兩項研究都不約而同指出，根據嚴格執行的選股準則，整體投資組合會較市場回報高（即跑贏大市）。

　　就上述兩項的結論，大概我們也可以說Graham的選股系統是「不無好處」。當然，讀者在設定自己的選股準則時可以隨着市況來改變有關準則的系統；例如當整體市場市盈率是10倍時，尋找6倍至7倍市盈率的證券可能不難，但當大市市盈率上升至20倍，甚至30倍，我們是否應該將選股準則改為12倍、甚至18倍呢？投資是靈活的。

註十二：Lakonishok,　J.，Vishny，　R. W.，　and　Shleifer, A.，"Contrarian　Investment,　Extrapolation　and　Risk,"　Working　Paper　No. 4360,　National　Bureau　of　Economic　Research,　May　1993

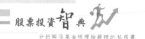

6.9.1 選股系統

為了避免過份嚴苛的選股系統（不能篩選出足夠股份數目）及配合不同的投資策略（不同的投資策略是詳見於本書前第四章），我們可以將前面介紹的各項準則重新整理至一般電腦程式能夠應付的選股系統。

表6.12：建議中的選股系統

類型	準則
企業結構	借貸比率
	流動比率
企業營運效率	股東權益回報率（ROE）
	應收帳款週轉天數
	利潤率
增長率	PEG比率
	三年平均盈利增幅
	股息分派比率
市場估價	市盈率
	市帳率
	股息率
股價動力／表現	啤打系數
	低於52週內最高股價
	高於52週內最低股價
	成交額（每天）

在上述五大類中，我們主要測量各股份的基本因素，而後者則著眼於股價表現方面，這種分類主要的目的是避免投資者為了要買到高質素的股份而付出過高的價格。

在這個選股系統中，我特別在「股價動力／表現」一類加上成交量一項。累積了多年在股票市場的經驗，我覺得市場中最大的陷阱並非在企業的資產負債表或損益表，而是在股價上。對股價的操縱是觸犯法例的，因為這種行為會令其他投資者受損，但假如某檔股份的成交量低，較大的買盤或賣盤可以使股價大幅波動，這種行為是否構成對股價的操控，我不敢說，為了避免遇到這種情況，我還是奉勸投資者集中在成交量較高的股份。

1. 進取型選股系統

表6.13：進取型投資策略所參考的選股系統

類型	準則	讀數與備註
企業結構	借貸比率	＜ 100％
	流動比率	＞ 1.0
企業營運效率	股東權益回報率（ROE）	＜ ±20％過去五年平均
	應收帳款週轉天數	＜ ±15天過去五年平均
增長率	PEG比率	＜ 2
	三年平均盈利增幅	＞ 15％
	股息分派比率	＜ 50％

類型	準則	讀數與備註
市場估價	市盈率	＜過年五年最高市盈率
	市帳率	＜過年五年最高市帳率
	股息率	＞ 0%
股價動力	啤打系數	牛市 ＞1.2；熊市 ＜1.0
	低於52週內最高股價	＜ 5%
	高於52週內最低股價	＞ 0%
	成交額（每天）	＞ 約25萬美元

　　進取型投資者所追的是盈利高增長（盈利高增長是帶動股價上升的主要動力），這類型投資有幾個明顯的特色：（1）投資者願意付出較高代價，甚至溢價，來購買高增長的股份，故此PEG等比率的寬容度較高；（2）企業的借款比率較高，股息分派比率低，因為企業會多保留資金以供發展；（3）股價節節高升，「高處未算高」，但投資於這類股份需要特別注意啤打系數；由於股份價格持續處於溢價位置，在熊市時，股價跌幅會較其他股票為大，可以在牛市時，我們不妨購入高啤打系數的股份，但熊市時，切忌購買高啤打股份。

2.價值型選股系統

表6.14：價值投資策略所參考的選股系統

類型	準則	讀數與備註
企業結構	借貸比率	< 3倍流動資產
	流動比率	> 2倍流動資產
企業營運效率	股東權益回報率（ROE）	< ±10%過去五年平均
	應收帳款週轉天數	< ±10天過去五年平均
增長率	PEG比率	≦1%
	三年平均盈利增幅	> 7%
	股息分派比率	≧50%
市場估價	市盈率	< 過年五年最高市盈率40%
	市帳率	< 過年五年最高市帳率40%
	股息率	< 國庫券孳息率70%
股價動力	啤打系數	牛市 <1.2；熊市 <1.0
	低於52週內最高股價	< 60%
	高於52週內最低股價	> 20%
	成交額（每天）	> 約25萬美元

　　此選股系統取材自Graham早年訂定的十個選股準則，主旨是尋找一些平價的股份，在三、四十年代即Graham活躍的時候，這類股票不難找到，因為資訊傳遞不佳。事實上，當我在霸菱證券工作時，我們的「大書策略」（Big Book Strategy）依然是當年的殺手鐧，所謂「大書策略」就是將很多上市企業的詳細資料定期刊發，但

當大部份報價系統都附有資料庫之後,這種優勢便日漸消退。時至今天,能夠找到被低估股份的機會不多,故這系統所能夠篩選出的股份不會太多,但從另一個角度來看,由於資訊發達,投資者偏向著重於帳面高質素的股份,忽視一些有高潛質的股份,則此投資策略仍可發熱發光。

3.收入型選股系統

表6.15:收入型投資策略所參考的選股系統

類型	準則	讀數與備註
企業結構	借貸比率	＜ 50%
	流動比率	＞ 1
企業營運效率	股東權益回報率(ROE)	＜ ± 10%過去五年平均
	應收帳款週轉天數	＜ ± 5天過去五年平均
增長率	PEG比率	≦ 1.0
	三年平均盈利增幅	＞ 5%或通貨膨脹率
	股息分派比率	＞ 70%
市場估價	市盈率	＜ 過去五年最高年盈率
	市帳率	＜ 過年五年最高市帳率
	股息率	長期國庫券孳息率
股價動力/表	啤打系數	牛市 ＜ 1.2;熊市＜ 1.0
	低於52週內最高股價	＜ 50%
	高於52週內最低股價	＞ 40%
	成交額(每天)	約5萬美元

追尋高收入（即股息收入）的投資者，只要企業基本因素高（低借貸比率，高流動比率），而且管理層願意持續慷慨地派發高股息就是好的股份，這類企業的主要特點是股息分派比率高，企業盈利的增長並不是最大的考量點，故此，在這參考選股系統，著眼點是放在股息及基本因素，而對盈利增長比較寬容。

6.9.2 選股系統設定的原則

上面的三套選股系統僅作參考，讀者可以自選及設計合適各自投資策略的系統，但無論我們選用哪些系統，有幾個原則是必須遵守的：

1.選股系統選股條件不能太嚴苛
雖然在股票市場掛牌交易的股份數量龐大，但能夠滿足所有準則的股份不多，特別是在大牛市當中，差不多所有股份的價格都是高估的，如果某檔股份在大牛市中依然股價低迷，內裡一定有乾坤。

2. 選股系統只能作初步篩選（選股是一種藝術）

假如基金經理跟你說以他的基本因素為基礎的選股系統是
最好的，而單靠該系統，他又能在過去長時間跑贏大市，我想他
的運氣一定很好；從本章對各項準則的討論中，我們發現許多準
則都可以輕而易舉地被修飾。在篩選前要核對所有股份的所有用
於計算各準則幾乎是沒有可能的，因為數量龐大。故此，在篩選
後，投資者應該在投資前詳細審視每間符合大部份選股準則的企
業，假如有任何異常的情況就不要接受有關風險。

6.9.3 小結

上面我曾介紹幾位學者對Graham選股系統的一些研究，
Graham又怎樣看呢？下面是他在晚年的觀點，我想是對這章最好
的結語。

這位「價值投資之父」Graham也說得挺靈活的。在1976
年，即在堅持「價值投資之父」準則三、四十年以後，他在接受
《Medical Economics》（註十三）雜誌訪問時，他將他原有的選股準

註十三： "The simplest way to select bargain stocks," Medical Economics, 20th September
1976, 載於Lowe, J., The Rediscovered Benjamin Graham：Selected Writing of the
Wall Street Legend, 1999 Wiley.

則由十項大幅減至剩下兩項：

1. 市盈率（P／E Ratio）在7倍至10倍以下（以AAA級債券
   息率為基準）；
2. 股東權益／資產比率（Equity／Asset Ratio）為5倍或以
   上。

　　真不愧為「價值投資之父」。當然，他的改變亦有他的
道理，他說：那些「在我的《Security Analysis》及《Intelligent
Investor》兩本書中所提到的因素在理論上是重要的（Significant in
Theory），但在決定以何種價格購入或賣出時，它的實際用途不
大（Little Practical Use）。我過去的調查研究說服我在管理一個
極度分散（Widely Diversified）的投資組合時，我們可以先行釐
定（Predetermine）買入或賣出的價位，而毋須為每項影響有關企
業或行業的因素加權（Without Getting Involved in Weighting The
Fundamental Factors）。」

第七章
企業問題預警指標

　　股票投資是一種可帶來可觀回報的投資項目，然而，它亦是極具風險的投資工具。風險來自多方面，除了大市本身的政經環境外，企業本身因經營環境等因素而導致業績倒退甚至倒閉，理論上都是無可避免的。我在過去多年的投資生涯中，也曾因投資這等爛蘋果而導致損失。本章會談及一些企業衰敗的前期跡象，我曾說過，當遇到這些蛛絲馬跡時，最佳的保本方法就是馬上將該等出現預警的股票沽出。

　　Mulford及Comiskey在至1995年3月底前的五個月向美國東南、中西及北部北區的191家銀行貸款機構相關部門的員工進行調查，查詢據他們的經驗（受調查者的平均經驗為11.4年）那些早期預警訊息是最有效指出企業的盈利將會下降。他們共提出數百項指標，而其中以下面五項被公認為是最有效的指標：

註十四：Mulford, C. W. 及Comiskey, E. E., （1996）Financial Warnings, John Wiley & Sons, Inc.

1. 企業的邊際利潤收窄；

2. 應收帳款週轉天數（Receivables Days）增加；

3. 銀行透支數目增加：

4. 企業管理層人士變更

5. 企業外聘會計人員的變動

此外，他們又提出種種的預警跡象，按： 1. 盈利能力、2. 資金週轉能力、3. 管理層動態、4. 外圍環境、5. 借方／貸方交流常態、6. 財務資料、7. 策略性事件及8. 其他。並在這八項分類中的每類列出重要的預警指標。由於，本地與美國市場有一定的差別，我會以我個人多年在投資研究、管理及企業管治的經驗來重新整理這份研究的指標排列及篩選或加入一些我認為較合港、台市場運用的指標。此外，由於第七項是從貸款企業角度來看，故在本書中暫不處理。希望以下的幾份列表對讀者有一定的幫助。

7.1 預警指標列表

表7.1 與盈利有關的預警指標（即企業盈利即將下降）

 I. 企業的銷售收入減少或邊際利潤下降；這指標特別對有較高固定生產成本（High Fixed Cost）的企業更為顯著；

 II. 非經常性收入或從日常營運以外所獲得的收益佔企業EBITDA（息稅折舊前利潤）的比例愈大（如企業出售生財用品及資產）；

 III. 出售資產以降低貸款機構債務；

 IV. 手頭訂單數量持續下降；

 V. 大幅購入生財資產，但預期銷售收入遲遲未能實現；

 VI. 應收帳款（Account Receivables）中的壞帳（Bad Debt）比例突然減少；

 VII. 應收帳款週轉天數（Receivables Days）持續上升；

 VIII. 庫存量（特別是對高科技企業）持續上升；

 IX. 企業的主要客戶財政出現不穩妥情況，或失去長期客戶；

 X. 企業突然進行大規模業務擴展；

 XI. 企業管理層願意（特別是在年中）降低報酬或工資，

XII. 可能用於粉飾邊際利潤的下跌；

XIII. 企業主要產品原料價格上升；

XIV. 企業中期業績改由企業批核，而非經核算師核實；
在中期業績公佈時對企業存貨量的價不作重估。

表7.2有關資金週轉的預警指標
（即企業可能會遇到資金週轉的困難）

I. 銀行透支有所增加；或從透支戶口提款的次數增加

II. 庫存量（Inventory）增加；主因可能是反映企業的產品滯銷；

III. 貸款機構還款脫期；

IV. 企業業務大規模快速擴展；

V. 管理層決定分派大量股息或分發特別現金紅利；

VI. 應付帳款（Accounts Payables）增加；或應付帳款週轉天數（Payables Days）增加；

VII. 給與客戶更多銷售優惠；

VIII. 應收帳款有明顯的增加；

IX. 向客戶追討小額的債款；

X. 存放於銀行戶口的現金結餘持續下降；

XI. 借取短期借款以償還到期的長期貸款；

XII. 部份貸款機構突然要求償還無抵押貸款；

XIII. 企業控股股東出現財政不穩的現象；

XIV. 於年度結算及企業的銀行帳戶結餘為負數；

從企業的日常營運所獲得的現金出現不穩定的現象。

表7.3 管理層有關的預警指標

I. 突如其來的管理層變動；

II. 管理層老化而且未預先安排企業繼承；

III. 企業首席財務官（CFO）職權有所改動；

IV. 管理層對企業盈利及營運情況未能作出預測，或與實際情況相差較遠；

V. 管理層利用營運資金購買沒有生財能力的固定資產；

VI. 管理人員獲得大幅額外補貼；

VII. 企業高層人員變得奢侈、鋪張及高調，但企業業績並沒有明顯進步；

VIII. 管理層大幅減少在企業的時間；或中層員工主理日常營運工作；

IX. 企業主要股東本身家庭出現變化；

X. 當中企業管理層表現懈怠及過份自滿；

XI. 以高於市場價格收購投資項目；

XII. 面對企業營銷大幅改善，但管理層並沒改變營運模式；

XIII. 堅守過去成功的營運模式；

XIV. 出現針對企業或管理層的法律爭議；

XV. 企業最高負責人將與銀行聯絡的責任全部交由首席財務官（CFO）負責。

表7.4 與外圍環境有關的預警指標

   I. 經濟大環境變壞；

  II. 借貸利率上升；

 III. 生產技術改變；

 IV. 所處行業呈現衰退現象；

  V. 政府對所在行業改變有關政策；

 VI. 競爭對手的競爭手段或轉趨進取或大幅改進；

 VII. 新競爭對手的加入；

VIII. 主要客戶或因消費模式改變而轉向其他產品或服務；

 IX. 本地市場的改變；

  X. 主要競爭對手宣佈業績倒退或甚至虧損；

 XI. 國外市場的入口政策改變；

 XII. 以外幣收入為主的企業遇見匯率大幅波動；

XIII. 行業產能因生產技術改進等原因而大幅增加；

XIV. 主要生產材料突然缺乏或價格飆升；

 XV. 新產品或服務取代產品或服務。

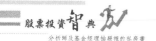
表7.5 與財務資料發放有關的預警指標

    I. 延遲發佈財務報表;

    II. 更改有關會計師或核算師;

   III. 改聘知名度較低的核算師;

   IV. 更改慣常使用的會計準則及方法;

    V. 更改財政年度結算日期;

   VI. 改變已往對某些財務資料的公佈方式,如將不同營運部門收入合併公佈;

  VII. 公佈的財務資料趨於精簡,並減少提供詳細資料;

 VIII. 企業未能對應付借款條款的履行或對還款兌期;

   IX. 對應付帳款的處理愈趨寬鬆;如將應付帳款由送貨日起算,改為發票發出日起計;

    X. 推搪附屬企業或聯營企業未能及時上交帳目;

   XI. 中期業績報表由董事會批發,而並非核算師簽發(大部份證券交易所容許上市公司自由選擇批發方法);

  XII. 管理層在先發表盈利或業績預測與所公佈的業績大不相同;

 XIII. 核算師附在財務報表中的附註或加註比過去多而詳細;

 XIV. 重新調整已公佈的財務資料以配合公佈的財務資料;

  XV. 在年報集中討論未來發展大計,反而對過去業績檢討只是輕輕帶過。

表7.6 與企業發展策略有關的預警指標（即新發展可能帶來負面影響或目前所經營業務可能面對不能逆轉情況）

   I. 大規模及急進的改變企業現行的業務範圍；

  II. 改變企業原來的營運策略；

 III. 變更企業對原有客戶的承諾；

 IV. 改變對客戶原有及既定的收費方法；

  V. 推動新經營策略不久、又再推出新策略；

 VI. 在市場逆轉時，投入更多的資源；

VII. 樂觀及振奮地擴展業務經營範圍；

VIII. 在不必要時進行多元化業務發展；

 IX. 開發新而且不熟識的市場或進入與本業無關的業務；

  X. 投資於高風險高回報的業務板塊；

 XI. 新投資項目的開發需借力於高薪新聘的經營團隊；

XII. 在市場火紅時，反其道而採用不擴張策略；

XIII. 管理層以特立獨行的信念而與大市潮流背道而馳；

XIV. 與其他競爭對手單純以減價的方式去競爭；

 XV. 擴展資金以短期債項來支持。

　　我需要強調的是上述各表中所列的預警指標僅作參考。事實上，並非產生上述指標就一定會為企業帶來負面影響，譬如，在逆市中擴展可能最後會使企業奪得更大的市場佔有率，應視乎情況加以評估，未可一概而論。

7.2 會計做假

除了上述預警指標外，投資者對管理層故意做假最是防不勝防。無論是港台地區或歐美等地都曾經出現過做假的情況，我並不打算在此詳述，因為所涉獵的範圍頗大，加上讀者需要較強的會計知識。但如果讀者對這方面知識有較大興趣，我建議讀者參看Howard Schilit的 Financial Shenanigans：How to Detect Accounting Gimmicks & Fraud in Financial Reports （由McGraw-Hill 出版）。該書作者從多個發生在美國的個案中將做假情況分成七大類。此七大類包括：

1. 將尚未確定或成疑的銷售額入帳；
2. 將虛假的銷售額(Bogus)入帳；
3. 利用一次性收益推高收入；
4. 將當期開支(Current Expenses)推前或移後；
5. 不將債務入帳或不當地減少債項數字；
6. 將當期收益(Current Revenue)推遲入帳；
7. 將未來開支以特別賒帳(Special Charge)方式推前為當期開支。

第八章
上市企業財務分析

　　投資活動的最大要訣之一，就是「控制風險」，即指投資者起碼應該將自己放在不敗之地。事實上，投資風險控制在過去幾年間已經成為一個重要的課題。大概是因為1997年金融危機爆發後，不少企業相繼陷入財務危機，甚至倒閉。在此我不會針對相關細節作詳細闡述，因為坊間已有不少書本涉獵這方面題材。但無論如何，對於一個股票投資者來說，選取高質素的上市企業是實際及有效的控制風險方法之一。

　　投資者可利用下列的方法選取高質素的企業：

　　　　1. 選取在行業中表現出色或擁有較大市場佔有率的企業；

　　　　2. 分析企業的財政狀況；

　　　　3. 考核上市企業管理層的往績。

　　根據現行的證券監管條例，所有上市公司每年均需印發年報供投資者及股東參閱。年報不單會揭示企業的基本資料，並且會詳列各式各樣的財務報表。讀者可以透過有關報表一窺企業的財務狀況。由於所有報表均需以同一格式發表，故此讀者可以利用一些工具去解讀。然而，由於投資者所用的分析工具均是大同小異，故此有些不良的企業會利用會計制度的漏洞來誇大或隱藏部

份資料，內行人士通常笑稱這些行為是「會計魔術」（Accounting Magic），而負責制定這些魔術的是「創造性會計師」（Creative Accountants），簡稱CA。CA原來的意思Chartered Accountant，即「特許會計師」。會計師原則上是應根據當地會計師公會及上市條例來制訂財務報表，在英聯邦國家或前英國殖民地，一般是採用會計標準守則（Statement of Standard Accounting Practices，簡稱SSAP）。美國採用通常可接受會計準則（Generally Accepted Accounting Principles，簡稱GAAP），由於會計準則有所偏差，故很多國家都在考察編制一套全球均可接受的準則之可能性，現行的一套是國際會計準則（International Accounting Standards，簡稱IAS），但由於國際準則跟很多國家的會計準則仍存在不少分歧，故這套準則仍未全面被各國採用。一般來說，企業的財務報表包括三份，即：

1. 損益表（Profit and Loss Accounts或Income Statement，或Statement of Earnings）
2. 資產負債表（Balance Sheet或Statement of Financial Position）
3. 現金流量表（Cashflow Statement）

這三份報表是各司其職的，損益表用於記錄一家企業在一年內的收入及支出；資產負債表則提供企業在某一時點的資產及負

債分配情況，可以說是一家企業財務狀況的橫切面；現金流量表是記錄一家企業在一年內所有現金的支出及收入情況，這報表的特徵是「現金」，它只顧及現金的變化，其他的財務資料則一概不理。

　　我會在此將每份報表的構成、要項及注意事項扼要地說明。但我必須強調的是，本書的中心要旨在於股票價值及價格的分析，並非一本會計書刊，這裡的簡介只可作為一份會計常識的複習，若讀者希望獲得更多專業的會計知識，請參看有關專書或求教於專業的會計師。

8.1 損益表
（Profit and Loss Accounts 或 Income Statement）

- 損益表記錄企業在一段時間內（通常是一年）因經營而產生的收入與支出；
- 收入通常是指一家企業因向客戶提供貨品或服務而獲得的收入；
- 支出則可包括企業在一段時間內所有為經營業務而作出的支出，例如購貨金額、工資、利息支出等；
- 一般來說，在報表上企業會提供最少兩年（以上）的資料以供比較。

　　損益表的目的在於揭示一家企業的「盈利」或「虧損」情況，為了進一步解釋損益表的結構及意義，我以模擬的方法製作以下損益表。

表8.1：例子：虛擬損益表

	2001	2000
	元	元
營銷收入	46,446,974	34,058,900
營銷成本	（42,215,052）	（29,613,827）
毛利		
來自已完成營銷的利潤／（虧損）	4,231,922	4,445,073
來自撥備等利潤／（虧損）	1,231,144	2,558,400
聯營公司貢獻盈利	3,390,787	5,378,964
行政費用	（7,748,795）	（6,064,721）
稅前盈利	1,105,058	6,317,716
稅項支出／（回收）	9,007	（134,869）
股東應佔純利	1,114,065	6,182,847
股息	1,000,000	1,000,000
每股盈利		
-基本	1.11仙	6.18仙
-全面攤薄	1.11仙	6.13仙

從上表我們可以找到下列各主要構成部份：

1. 營業額（Sales）或收入（Revenue）

營業額是指在會計期內一家企業所有由營運所產生的收入。收入可以從下列各種方式得到：
◎ 銷售貨品或提供服務
◎ 將物業或生財工具出租
◎ 從資金賃放等活動獲得的利息收入
◎ 利用資金作的投資活動

在理解營業額時，我們要特別注意下列兩點：第一，營業額包括一切已收及應收而未收的收入，例如客戶在收貨後仍未清繳貨款，或客戶已交費用而企業仍未提供貨品或服務。有些企業為了增加營業額，不惜進行多項「先貨後款」的交易。在某層面上，這種方式能非常容易地被察覺，因為企業必須在資產負債表中記錄有關應收而未收「Account Receivables」的項目。故此，如果某分析員以高營業額及溢利增長作為推介股份理由時，我們必須多問詳情，絕不可照單全收。第二，在某些會計準則領域下，企業只能在營業額中記錄從正常營運中所獲得的收入。一些非特殊收益（Exceptional Revenue）不應納入這項目，例如一家企業在出售屬下企業時所產生的收益是不應收錄在這項中，因為一家企業出售屬下企業應屬於非正常活動，亦不會時常進行的。

2. 營運或經營成本（Cost of Goods Sold 或 Cost of Sales）

營運成本是指一家企業直接用於產生收入的直接成本。例如在一間工廠，直接成本就是（1）原料的購買費用、（2）直接工資、（3）直接費用（Overheads），如租金、電費及廠房維修費用。

3. 毛利（Gross Profit）

毛利是一家企業在某一段時間內因正常營運活動而產生的所有利潤，計算方法是將營業額減去營運成本。

4. 營運支出（Operating Expenses）

營運支出是一家企業用於營運的費用。這些費用跟同一時段的營業可能並沒有直接關係。通常營運包括折舊（Depreciation and Amortization）及一般行銷、行政等消費（Selling, General and Administrative Expenses）。

折舊是會計範疇中最難處理的課題之一，一般會計準則並沒有硬性規定一間企業必須採用那種折舊方法。

各種折舊方法中，以下數種較為普遍被採納：

（1）直線折舊法（Straight Line Depreciation Method）

意指在一個可接受的期間內一家企業將可折舊資產（Depreciable Asset）平均地折舊。

（2）遞減折舊法（Reducing Balance Depreciation Method）

亦稱為固定百分比折舊法（Constant Percentage Depreciation Method），此方法容許一家企業將可將折舊的資產按同一個百分比每年折舊。算式是：

$$每期折舊數額 = 1 - \sqrt[折期舊數]{\frac{剩餘價值}{被折舊資產成本}}$$

（3）整數折舊法（Sum-Of-The-Digits Depreciation Method）

此方法是採用一個常數來計算每年折舊數額。該常數可以利用兩個不同的方法計算，第一個是將折舊期內的年期相加起來，以5年的折舊期為例，常數會是1＋2＋3＋4＋5＝15，第二個方法是利用算式，算式是

$$常數 = \frac{（折舊期數）x（折舊期數＋1）}{2}$$

舉例：一家企業的一項資產是＄1,000,000，分20年折舊。假設企業設定資產將無剩餘價值，則第三年的折舊率是0

步驟一：計算常數 ＝（20年 x（20年+1）/2＝210）
步驟二：計算第三年折舊率 ＝（常數期數 x 常數）x 原來資產值
$$＝（3/210）x 10,000,000$$
$$＝ 14,286$$

以下是利用不同折舊方法所得的結果：

表8.2：折舊方法比較（例子）

年尾	直線法	遞減法	整數法
1	＄1,000.00	＄2,400.00	＄1,666.67
2	＄1,000.00	＄1,400.00	＄1,333.33
3	＄1,000.00	＄864.00	＄1,000.00
4	＄1,000.00	＄518.40	＄666.67
5	＄1,000.00	＄311.04	＄333.33
總數	＄5,000.00	＄5,493.00	＄5,000.00

5. 營運溢利（Operating Profit）

營運溢利或經營溢利是毛利（Gross Profit）減去經營成本後的利潤。這些數字能夠顯示正常經營下的利潤與虧損。

6.特殊收益／虧損（Exceptional Profit／ Losses）

特殊收益／虧損是在一段時間內由非正常營運活動所產生的所有收益或虧損。

7.利息收入（Interest Income），利息支出（Interest Expenses）及股息收入（Dividend Income）

這項主要是記錄財務及投資活動的收支。利息收入可包括投資於債券的收入。讀者應該特別留意股息收入。一家企業可以用不同的方式將投資與其他企業的回報入帳，但方式有三：

類型	入帳方式
附屬企業（Subsidiary）	合併（Consolidation）
聯營企業（Associated Company）	股權入帳（Equity Account）
投資企業（Investee Company）	股息入帳

不同地方的會計準則有點不同。在香港如果擁有一家企業股權多於50％，即該企業為附屬企業，如股份為25％至49％，則該企業為聯營企業，如股份少於25％，則只是有投資的企業而已。我將會在稍後介紹其他入帳方法，在這裡我所用的是股息入帳方式，則無論該企業盈利多少，只將實際收取的股息入帳。有關例子請參閱本書第八章。

8. 稅前盈利（Income Before Tax或Pre-Tax Profit）

是經營溢利減去所有非正常營運以外收支後的利潤或虧損。

9. 利得稅額（Income Tax）

每間企業的利得稅額是由「有效稅率」（Effective Tax Rate）來計算。即該企業按有關法例而釐定的稅率，有一些因市場是有稅務補貼等不同安排，故此每間企業的稅率均會不同。讀者需特別留意有關利得稅額的計算，由於稅款是根據損益來釐定的，企業大多數據此估計需要繳交的稅款，而不是確定的。

10. 特殊項目前收入／虧損（Income／Loss Before Extraordinary Item）

特殊項目（Extraordinary Item）是指一些不尋常（Unusual）及不通常發生（Infrequent）的事件所產生的盈利或虧損，例如火警及水災。特殊項目通常不會涉及稅項。

11. 純利或淨虧損（Net Profit／Loss）

純利或淨虧損（Net Profit／Loss）是一家企業除去所有支出後的數字，故有人稱此數為Bottom Line，即最後的數字。通常這數字是用於計算每股盈利（Earnings Per Share）或每股虧損（Loss Per Share），市盈率(P/E Ratio) 等，因此非常重要。

12. 每股盈利／虧損（Earnings／Loss Per Share）

每股盈利／虧損（Earnings／Loss Per Share），簡稱EPS或LPS，大概是最多人談及的數字。簡單來說，每股盈利／虧損是每一股份所分攤的盈利／虧損。計算方法是將純利／淨虧損除以已發行的股份，如盈利是＄1,000,000，而企業共有1,000,000股，即每股盈利是：

$$＄1,000,000/1,000,000股 ＝ ＄1／每股$$

理論上，這種指標是合理的，但讀者需注意各種可能調整。舉例說，企業在期內發行「紅股」（Bonus Issue）、「供股」（Rights Issue）、「批股」（Share Placement）或「回購股份」（Share Repurchase）。另一方面，每股盈利又會受「認股權」（Warrant）或「可轉股債券」（Convertible Bond）等影響，造成攤薄的情況（Share Dilution）。我會在附錄中簡單地介紹各種調整方法。

8.2 **資產負債表**
（Balance Sheet 或 Statement of Financial Position）

- 資產負債表記錄一個企業在結算日（即會計年度最後的一天）的股本，資產及負債情況；
- 在資產負債表中股本及負債總和必然等於企業資產，因為所有資產都是由企業股本及借貸支付；
- 資產負債表可顯示出企業的淨資產值；
- 資產負債表包含不少漏洞，如固定資產的估值問題，應收而未收項目問題等。

資產負債表用於記錄一個企業的股本，資產及負債，可算是一家企業財務狀況的橫切面。然而，資產負債表只記錄某一日的財政情況，會使人覺得不可盡信。在任何一家企業，資金來源是來自股本及負債。股本包括成立企業時股東的資金，及多年來未獲分派的盈利。

負債是企業經營時產生的所有債項。理論上，所有股本，未分配盈利及債項均是用於購買資產。這裡所指的資產包括有形（如物業）及無形（如商標），故此，股本、未分配盈利及負債的總和必須等於資產。

即：資產＝股本＋負債

從這個簡單的概念開始，我將在下面逐一將資產負債表的每塊組成部份作簡單的介紹。

雖然各地的會計準則略有不同，但資產負債表的格式大致相似，即先將資產列出，然後是負債及股本。我也按些先後次序介紹各項目。

表8.3：《虛擬資產負債表》（例子）

	2001	2000
	元	元
固定資產	503,659	382,830
投資項目	23, 200, 000	16, 500, 000
流動資產		
存貨	6, 185, 940	12, 447, 492
上市有價證券	9, 278, 910	8, 298, 328
存款、預付及其他應收款項	219, 325	556, 949
銀行存款及現金	73, 576, 483	72, 148, 500
	89, 260, 658	93, 451, 269
流動負債		
應付而未付款項	196, 958	162, 100
稅金準備	36, 124	254, 869
	233, 082	416, 969
淨流動資產	89, 027, 576	93, 034, 300
長期負債		
銀行及其他債項	7,504,801	7,792,038
總資產及負債	120,236,036	117,709,208

由下面提供：		
股本	10, 000, 000	10, 000, 000
儲備	101, 731, 235	98, 917, 170
未派股息	8,504,801	8,792,038
股東權益	120,236,036	117,709,208

1. 資產部份

顧名思義，資產就是一家企業的所有資產。按資產性質來算，資產可分為有形資產（Tangible Assets）及無形資產（Intangible Assets）。按資產可售性來看，資產可分為流動資產（Current Assets）及固定資產（Fixed Assets）。有趣的現象是英、美兩地會計要求不同，英制要求先列無形資產然後有形資產，另一方面，先固定資產，後流動資產。美制則剛剛相反。在這裡我暫用英制為本。

（1）無形資產（Intangible Assets）

無形資產是指一切沒有「實質形體」（Physical Existence）的資產。該等資產雖然無形，但有一定價值，比較明顯的例子包括「商標」（Trademarks）及「專營權」（License）等。

　　我們可以利用下列方法證明無形資產在任何企業均是存在的：

　　無形資產貢獻　＝　企業盈利－〔有形資產×正常回報率〕

　　舉例：A企業在本年度獲利＄1,200,000，而同時期企業的有
　　　　　形資產為＄10,000,000，假設在正常情況下，一家企
　　　　　業的正常回報率是10%（以同時期同一行業內所有企
　　　　　業所獲得的平均回報率做參考），即A企業的無形資
　　　　　產價值將為：

　　無形資產貢獻＝＄1,200,000－〔＄10,000,000×10%〕
　　　　　　　　＝＄1,200,000－＄1,000,000
　　　　　　　　＝＄200,000

　　上述的計算純為參考，並非無形資產估值的標準公式，我將
會在稍後談及估值方法時詳盡解釋相關優劣。

（2）樓宇、物業、傢俱及設備
　　這類資產是指一家企業用作生產及分銷其產品或服務的有形
資產。他們是有實體並實際存在的資產，且不是在通常營業情況
下用於轉售之資產；一般市場的會計準則都是將有形資產及無形

資產歸納在「固定資產」（Fixed Assets）內。理論上，它們在報表上應該沒有太大的問題，因為企業可以按收購價入帳。然而，市場的價格波動對入帳的方式產生了很大的影響。舉例說，某企業於去年以市價購入一幢大廈，可惜，由於市道不濟，該大廈的市值大幅下跌40％。這時候，某企業應如何處理呢？假如企業按市價入帳，則這個企業的資產值將被高估。不同國家的監管機構並沒有一致的看法及規例。以香港為例，會計準則是企業可以每年重估「收租物業」的價值，但不需為發展中物業估價。故此讀者在參看固定資產一項必需瞭解清楚有關入帳方式。

此外，固定資產的入帳亦牽涉及折舊問題，由於有形資產是有實體的，故此它必然是有「可用的年期」（Useful Life），而有形資產亦會隨時間而損耗或磨損。基於這些原因，企業通常會為有形資產按年提供折舊（Depreciation）。折舊的方法基本上有三種，我將會在介紹損益表時進一步詳細講述各種折舊的方法是否合理及折舊的年期是否足夠。很多會計準則均沒有嚴格規定，結果讓不少企業利用這空間取得有利的數字。

另外，即使企業是以收購價來入帳，亦可以在收購價上出現漏洞，特別是向企業有關人士購買資產時。在某些較成熟的市場，監管機構會對這類交易作出特別要求。一般來說，我們會說企業是以「Arm's Length」的方法購入資產，即所謂市場價格。在

英國這個價值是一個「公開市場價格」（Open Market Value），
但在釐定這價格時，估值師又會加插不少估價標準及條件。

（3）投資（Investments）

一家企業在營運時，亦會作出不少投資。在資產負債表裡，
它是其中一個主要項目。但我要特別清楚說明，投資通常是指長
線投資，短線投資如證券買賣及貨幣市場並不屬於這類，它們的
分類是「流動資產」（Current Assets）。在報表上，投資多是在
附屬企業（Subsidiaries）、聯營企業（Associated Companies）、
及合營企業（Joint Ventures）。我會在第八章更詳細談及這些小
項。

（4）已付開支（Prepaid Expenses）及遞延收支（Deferred
　　　Charges）

這兩項均與一般營運有關，在某些情況下企業需預繳一些費
用，如訂金及首期款。同時，企業亦可在許可情況下延遲交費，
如工資或獎金。

（5）流動資產（Current Assets）

流動資產是指一些很容易在市場出售及年期短於一年的資
產，我們可以利用下面的一個圖表來理解流動資產的概念。

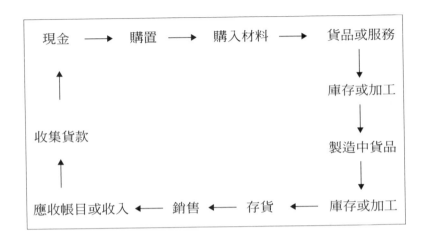

我們在上表可以看到一個「正常的營運週期」（Normal Operating Cycle）。一個企業會透過購置庫存、加工、銷售及收集貨款等行為進行營運。對一般企業來說此週期較短，而在這些週期內所產生的資產，即現金、存貨及應收帳目等均為流動資產。

讀者在理解流動資產時需特別留意兩大漏洞：

A. 存貨（Inventory）、製造中貨品（Work-in-progress）及原料（Raw Materials）的定義

舉例說，某工廠買入以＄100,000的布料來製造成衣，經生產後，售出的成衣收入為＄300,000，理論上，某廠的毛利為＄200,000，但由於市場價格波動，材料及

製成品的價格不停變動，某些企業就利用這些漏洞來增加
資產。下面說明這漏洞。

原材料價格		製成品價格	
第3批購入價	$300	$800	第3批成品出售價
第2批購入價	$200	$400	第2批成品出售價
第1批購入價	$100	$200	第1批成品出售價

組合：

  a. 第3批成品－第1批材料 ＝ $700

  b. 第3批成品－第3批材料 ＝ $500

  c. 第1批成品－第3批材料 ＝-$100

  d. 第1批成品－第1批材料 ＝ $100

明顯地，組合〔a〕為企業帶來最大的利潤；會計
上，這組合稱為First-In，Last-Out（FILO）（先進後
出），組合〔c〕卻為企業帶來虧損，這組合稱為Last-
In，First Out（LIFO）（後進先出）。為了解決這問題，
有些企業會採用「平均成本」（Average Cost）的辦法。幸
好已有很多市場，如香港及澳洲等均禁止使用FILO方法避
免漏洞產生。

B. 應收而未收帳項（Accounts Receivables）

很多企業都會讓客戶在收貨後一段時間才收取貨款。某些企業就利用這情況製造盈利，他們會利用大量以延遲收款的方法出售貨品。故此讀者在閱讀資產負債表時需特別注意應收帳項是否過高，如果這項過高，則表示企業正以遞延方式製造富吸引力的業績或客戶遲遲未能結帳，是一個危險的訊號。

（6）上市證券投資（Marketable Securities）

此項記錄企業的證券投資。上市證券投資有別於投資（Investments），前者是指純用作證券買賣的證券，企業並沒有參與該上市企業的運作或管理，亦不打算長期持有。後者則指長線的投資，企業並有可能參與該上市企業的運作。另一點亦與市價有關，上市證券的價格波動比其他資產更大，故讀者需特別注意企業是用購入價或市價來入帳。

2. 負債部份

差不多所有企業都會借貸，因為企業需要利用資金擴展業務或獲取更大的利潤。下面的例子正好說明一家企業如何利用借貸來擴大回報：

表8.4 例子：企業貸款策略

	策略1	策略2	策略3	策略4
	沒有貸款	80%貸款 利率＝15%	50%貸款 利率＝15%	80%貸款 利率＝10%
貸款額	$ 0	$ 800, 000	$ 500, 000	$ 800, 000
投資本金	$ 1, 000, 000	$ 200, 000	$ 500, 000	$ 200, 000
總投資額	$ 1, 000, 000	$ 1, 000, 000	$ 1, 000, 000	$ 1, 000, 000
投資回報率	15%	15%	15%	15%
投資利潤額	$ 150, 000	$ 150, 000	$ 150, 000	$ 150, 000
貸款利息支出	$ 0	$ 66, 480	$ 41, 550	$ 43, 993
實際收益	$ 150, 000	$ 83, 520	$ 108, 450	$ 106, 007
回報率	$\frac{\$150,000}{\$1,000,000}$ ＝15.0%	$\frac{\$83,520}{\$200,000}$ ＝41.8%	$\frac{\$108,450}{\$500,000}$ ＝21.7%	$\frac{\$106,007}{\$200,000}$ ＝53.0%

	策略5	策略6	策略7
	50%貸款 利率＝10%	80%貸款 利率＝20%	50%貸款 利率＝20%
貸款額	＄500,000	＄800,000	＄500,000
投資本金	＄500,000	＄200,000	＄500,000
總投資額	＄1,000,000	＄1,000,000	＄1,000,000
投資回報率	15%	15%	15%
投資利潤額	＄150,000	＄150,000	＄150,000
貸款利息支出	＄27,495	＄89,291	＄55,807
實際收益	＄122,505	＄60,709	＄94,193
回報率	$\dfrac{\$122,505}{\$500,000}$ ＝24.5%	$\dfrac{\$60,709}{\$200,000}$ ＝30.4%	$\dfrac{\$94,193}{\$500,000}$ ＝18.8%

一家企業的負債主要是包括下列各項：

（1）長期負債（Long-term Liabilities）

長期負債包括債項（Debts）及長於一年的財務承擔（Financial Obligations）。債務本身可以有多種形式出現，例如銀行借貸及債券。然而，有數項財務負擔不需在資產負債表出現。

A. 租賃（Lease）

租賃是一家企業向租賃企業（Leasing Company）以分期付款的方式購入資產的一種手段，它跟一般的「分期付款」（Hire Purchase）有所不同。在分期付款方法中，資產的擁有權是屬於買方，而每期的付款僅為債務的退還，所有的回報及風險均由買方承擔。但租賃則不同，租賃人（Lessee），即買方在完全供款前是沒有擁有權的，在期末，資產的擁有權將交回租賃人。若租賃權經營的一部份，經營租賃之租金將直接納入損益帳內而不需要在資產負債表列出。但根據一般國家的會計準則，租賃承擔都會以附註的形式出現在財政報告。

B. 資本承擔（Capital Commitments）及或然負債（Contingent Liabilities）

資本承擔是一家企業在經營過程中所產生的承擔或保證，如預期投放於發展項目的資金。或然負債是一些企業可能但未發生的財務負債，如租賃一樣，資本承擔及或然負債均不在資產負債表出現，但會以附註形式出現。

在長期負債中，可換股債券是比較值得特別注意。可換股債券（Convertible Bonds）是一個企業發給投資者的一種票據，投資者會以貸款的形式發放借款，投資者除了

可以獲得一定利息外，更可以在借貸期滿時以一定的價格認購股份。如果當時的股價高於所定換購價（Conversion Price），債券持有人可以將債券兌換為股份，並在市場出售圖利。反之，債券持有人可以要求企業歸還所有貸款。可換股債券市場的發展非常迅速，部份企業更發行可換成其他企業股份的債券，如IPO Bond。當債券持有人兌換成股本後，負債的款額將從負債部份轉撥到股本部份。

（2）流動負債（Current Liabilities）

流動負債與長期負債的分別在於時期。流動負債是指在短於一年的負債，如應付而未付的欠款（Account Payables），及在一年以內須要歸還的銀行貸款。稅款也納入這項目。在研究一家企業的理財能力時，我們很多時候會以流動負債的多少為標準，理論上，善於理財的企業可以將大部份負債或債務變成長債，而非短債。

3. 股本部份

股本是股東投進企業的資本。股東投放資金的方法有兩種，其一是將資金直接認購企業股份。其二是不提取盈利，待資金可認購企業股份時直接認購下列的其中一類股份：

（1）普通股（Ordinary Shares）

這是最普通的股份，持有人持有投票權（Voting Rights），

亦有權收取股息。原則上所有普通股股東均享有同等的權利與義務，當然，持股較多的股東有較大的投票權。

（2）優先股（Preferred Shares或 Preference Shares）

優先股原則上與普通股在投票權及收息權上分別不大，然而優先股享有股息及清盤還本的優先權。一家企業在發放股息時，必須先派予優先權持有人，在仍有盈餘的情況下，企業才可分發普通股息。此外，在企業清盤（清算）時，優先股股東會較普通股股東優先獲得還本。還本的數額視乎企業所剩餘的資金，但通常只是普通股的面值（Par Value）。優先股股東在獲取這些優先權的代價是要收取較低及固定的股息。通常優先股股東均有權將優先股轉為普通股。

（3）遞延股（Deferred Shares）

遞延股與普通股及優先股一樣，也擁有投票權等股東權利。但其股東在獲取股息時則失去優先權。他們只會在分派優先股股息及普通股股息後始可獲得股息，故此遞延股並不普遍，也只是大股東才會認購。

另一個資金投放的方法是不收取股息。理論上，每當企業賺取盈利時，它可以將所有盈利以股息的形式分派給股東。但事實上，很多企業都會將部份盈利保留用作未來發展之用。在資

產負債表中，這部份的保留盈利會放入「保留盈利」（Retained Profit）一項。

8.3 現金流量表
(Statement of Cashflow)

- 現金流量表是一份記錄一家企業在一段時間內所有現金的整體流動（包括流出及流入）情況的報表。

- 現金流量表主要是記錄現金在營運（Operation）、融資（Financing）及投資（Investing）三方面的流動情況。

- 現金流量表的大小及多寡與企業的盈利或虧損並非直接關係。

- 現金流量表中的漏洞比損益表較少，但一家企業仍可以利用「應付而未付」或「應收而未收」的帳項來刻意增加或減少現金流動數目。

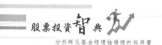

表8.5：《虛擬現金流量表》（例子）

	2001	2000
	元	元
來自營運的淨現金流入／（流出）	974,364	（17,231,501）
投資回報		
利息收入	5,809,748	7,979,948
利息支出	（3,001,921）	（3,116,815）
已收股息	582,960	390,000
已派發股息	（1,000,000）	--
來自營運的淨現金流入／（流出）	2,390,787	5,253,133
稅項		
已繳公司稅	（209,738）	--
投資活動		
購買固定資產	（463,803）	（565,990）
購買投資項目	（4,000,000）	（8,400,000）
出售資產	2,736,373	--
來自投資活動的淨現金流入／（流出）	（1,727,430）	（8,965,990）

現金及類現金的增加／（減少）	1, 427, 983	（20, 944, 358）
於1月1日的現金及類現金	72, 148, 500	93, 092, 858
於12月31日的現金及類現金	73,576,483	72,148,500
現金及類現金的分析		
銀行存款及現金	73,576,483	72,148,500

　　現金流量表可以說是最原始的一種報表，它只記錄一家企業的現金的進出情況，但又是一份非常有用的報表，因為它可能使讀者知道一家企業從營運、投資及融資活動中如何取得或使用現金。

　　理論上，現金流量表較損益表更能反映一家企業的財政狀況。正如我們在介紹損益表時，我曾提及「折舊」或「撥備」等漏洞，企業較容易利用不同的會計方法將盈利提高或減少。然而現金流量表則有所不同，企業較難改變有關數字，也因如此，現金流量表已經愈來愈受投資者注重。在現金流量表中，現金（Cash）廣義地包括現金（Cash）及類現金（Cash Equivalents）。類現金則包括所有短期（Short-term）及易於套現（Highly Liquid）的投資項目，如上市企業股票，國庫券及商業

票據等。在現金流量表中,現金的流動按以下部份分類:

1. 營運方面 (Net Cashflow Arising From Operations)

這部份記錄所有會影響純利 (Net Income) 的現金交易,內容可包括一般營運盈利及特殊盈利。

2. 投資方面 (Net Cashflow Arising From Investing Activities)

這部份記錄所有用於購買 (Acquisitions) 或出售 (Disposition) 所有非流動 (Non-current) 資產的現金流動情況。非流動資產是一些不會在短期內轉售的資產,如廠房或機械設施。

3. 融資方面 (Net Cashflow Arising From Financing)

這部份記錄所有有關債務增加或減少的現金流動,及所有有關企業股份改變的現金流動情況。在有關債務方面,借貸的利息支出並不隸屬於此,而是屬於營運的。

在這三大類中,營運方面所產生的現金流動應該是最重要的,因為項目直接顯示一家企業的經營能力。現時很多投資者或分析員均以這數字為標準,並將它取代「每股盈利」 (Earnings Per Share),實質現金總比帳目上的盈利更有意思。

計算「經營業務之現金流動」有兩大方法,分別為「直接計算法」 (Direct Method) 及「間接計算法」 (Indirect Method)。在此筆者不打算詳盡介紹,因大多數會計課本都有談及。以下僅簡單將不同方法的項目依序條列:

表8.6：「直接計算法」及「間接計算法」中主要的考量項目

「直接計算法」 直接計算法是將損益表上至下地將所有有關現金流動的項目列出。方法如下：	「間接計算法」 間接法是由損益表的純利開始計算的現金流量：
營業額（Revenue） 調整： ◎「應收而未收項」的增加／減少 經調整後的營業額 ◎營運成本（Cost of Goods Sold） 調整： • 「存貨」的增加／減少 • 「應付而未付項」的增加／減少 經調整後的營運成本 ◎營運支出（Operating Expenses） 調整： • 「遞延負債項」的增加／減少 • 「預付項」的增加／減少 • 加上期內的「折舊」，「撤除」或「撥備」 經調整後的營運支出 ◎稅務支出（Income Tax Expenses） 調整： • 「遞延稅項」的增加／減少 經調整後的稅務支出 經營業務之現金流動	**純利**（Net Income） 調整： ◎加上期內的「折舊」，「撤除」或「撥備」 ◎「流動資產」類中的現金增加／減少 ◎「流動負債」類中的現金增加／減少 ◎資產出售中的獲利／虧損 ◎「遞延稅務支出」的增加／減少 經營業務之現金流動

　　在「直接計算法」，企業會以營業額為基點，再將不同的非現金類財務項目減去；而「間接計算法」則以純利為基點，然後將非現金類財務數字減去。

　　聰明的讀者從前述的兩個表中的項目數量，都會發現利用直接方法會涉及較多需要公佈的資料。事實上，多國的會計師公會（包括香港）亦明確說明其建議會員採用「直接計算法」。但聰明的企業大都採用「間接計算法」。用「直接計算法」的企業幾乎絕無僅有。箇中原因，聰明的讀者們大概也會了解。

第九章
會計比率分析

　　目前分析企業財政實力的工具中，最為市場接受的就是會計比率分析。簡單來說，該分析將財務報表中的各項財務數據資料作相互比較，並通過這些會計比率來解釋企業的財務表現和狀況。

　　會計比率分析中的要點是趨勢的觀察，即是將這年度的會計比率與過去一年（或多年）的會計比率作比較，除非該會計比率是用作比對同一行業的其他企業比率。舉例說，某企業的速動比率（Current Ratio）（即企業流動資產除以流動負債）是2.4倍，我們不能因此單一數據而斷言它是一家很好的企業，必須查看該企業在過去數年同一個比率的水平，及同業中同一比率的水準。在這個例子中，假如過去數年的速動比率一直徘徊在3倍左右，我們便應特別關注這企業的現金是否正在迅速流失。又假如這企業所處的行業大部份企業的速動比率皆為3倍以上，這代表該企業的財務質素在同業中可能較低。

9.1 會計比率分析的局限性
（Ratio Analysis and Its Limitations）

會計比率分析在投資行業中是指定的分析工具，但我們必須清楚這技巧的局限性。

1. 不同企業所採用的會計準則（Accounting Standards）會影響會計比率的計算和解釋。

2. 物價水平上的變化，例如通貨膨脹等，會影響兩個不同財政年度間的會計比率的可比性。

3. 外界環境的轉變，例如經濟衰退或罷工等，有可能會影響兩個不同財政年度間的會計比率的可比性。

4. 會計比率是以過去財務數據來計算及解釋。在瞬息萬變的財經市場，所得的結論有可能已成為完全沒有重要性的數據。

5. 不同的比率取材自財務報表的不同部份，故可能會展現統一的訊息，如現金充沛的企業卻連綿虧蝕，這到底是一家高質素的公司還是質素欠佳的企業呢？

6. 不同企業使用的會計定義、方法、技巧和政策有可能影響兩個不同財政年度間或同行業兩間企業之間的會計比率的可比性。

7. 企業在財政年度中的隱藏因素（Hidden Factors），例如外在或內在因素的短期波動，有可能會影響企業披露的真實情況，因而影響會計比率的計算和解釋。

9.2 會計比率類型
(Types of Accounting Ratios)

會計比率主要分成五大類:

1. 盈利能力比率(Profitability Ratios)用作評估企業賺錢的效能

2. 變現能力/週轉能力(Liquidity)量度企業在債項到期時或借貸機構突然終止貸款時的週轉能力

3. 資本結構及長期償還能力比率(Capital Structure and Long-term Solvency Ratios)揭示企業資本的組成情況

4. 資源運用/效率(Management Efficiency)用於評估企業管理層管理企業營運的能力

5. 投資評估(Investment Appraisal)量度市場對企業質素的評價

一般會計課本都列有大量的比率作全方位的分析,但為本書的精簡性,我只會選取部份認為比較常用的比率。有興趣的讀者可自行參閱相關會計書本。

9.2.1 盈利能力比率Profitability Ratios

　　量度盈利能力類的比率用於量度企業的盈利能力。由於良好的管理層可以提高企業的盈利能力，故此，亦有人將這系列的比率看作量度管理層表現的指標。但我覺得這並不準確，因為「善於蠱惑」的管理人員可以利用財技將企業盈利作短期推高。

　　另一方面，這類比率又確實可以瞭解企業相對它的競爭者的盈利表現。當然在選股時，我們應該選取行業中盈利能力高的企業。但如果某企業的盈利能力遠較同業為高，我們應該保持一定的懷疑態度，詳細考察有沒有「造假」的可能性。在投資專業裏，高回報的背後，一定是高風險的。

　　在計算這類比率時，我們會利用「利潤」這個數據。但在會計比率分析範疇裏，並沒有嚴格規定是用稅前或後利潤。在這裏「利潤」可以是

- 純利（Net Profit）
- 息稅前利潤（Earnings Before Interests and Tax，簡稱EBIT）
- 稅後利潤（Profit After Tax，簡稱PAT）

很多投資者都會認為息稅前利潤是較理想的指標，因為它不受稅項和利息費用的波動影響。筆者對這種說法未必百分百同意，但進行對比時最重要的是「統一」，即意味著投資者進行對比時，假如選定用息稅前利潤，所有其他用作比較的比率都需要用息稅前利潤。正所謂蘋果對蘋果。

另一個有關盈利能力比率的問題是報酬率的分母，例如在資產收益率（ROA）中，究竟資產是期初資產（Opening Assets）、期末資產（又稱結算資產Closing Assets）或者是平均資產（Average Assets，即將期初資產相加期末資產，然後除以2，目的是改善只用年度其中一日"期初或期末結算日"的不合理化）。對於這點，我覺得用期初數是不合理的，因為在期初後段，管理層應該會因應市場改變而作出多項策略性變動。期末數可代表對全期營運活動的總結。平均數的合理性就更明顯。我倒覺得使用平均數及期末數兩者都沒有大問題。最主要是在計時要統一，而在參考時，明確知道訊息提供者的定義。

表9.1：盈利能力比率（Profitability Ratios）

資產收益率（ROA） ＝息稅前盈利/總資產 ＝（息稅前盈利銷售收入）/ （銷售收入總資產）	它量度以企業現有的資產能產生多少盈利。比率愈高愈理想，代表企業所持有的資產有較佳盈利能力。這比率的缺點是無形資產難以估值。
股權收益率（ROE）和普通股收益率（ROCE） ROE＝淨利潤/權益 ＝1-稅率x（息稅前盈利-利息費用）/權益	又稱資本報酬率。它是將扣除稅項前的淨利潤除以運用資本所得，是用作顯示企業資本賺取盈利的效能，是量度管理層是否有效利用資源賺取收入的指標。高比率表示普通股股東可以從投資中獲得高回報及間接指出企業擁有較高的管理效率。在運用此比率時，通貨膨脹是誤導投資者的主因，因為成本是歷史數字，而盈利是現價。高回報可能是由於通貨膨脹所引起，而非企業的管理有所改進。同時，投資者需要特別注意在選擇企業時，切勿盲目只理會高回報；因為高回報亦同時代表高風險。
毛利率（Gross Profit to Sales Ratio或Gross Profit Margin） ＝ 毛利銷售收入	將毛利除以淨銷貨所得。代表產品或服務價格與實際收益的關係。比率愈高表示高邊際利潤。
純利率（Net Profit to Sales Ratio或Net Profit Margin） ＝ 純利/銷售收入	將純利除以淨銷貨所得。與毛利率不同，它同時揭示企業的成本控制能力。高比率可能表示高邊際利潤及有效的成本控制。

9.2.2 短期變現能力／週轉能力
（Short-term Liquidity）

　　此類比率主要用於量度企業在債項到期時或借貸機構突然終止貸款時的週轉能力，亦可用於考察企業的短期償還債項能力。短期變現能力及週轉能力在經濟不振或大幅波動的情況下特別重要。為改善低償還債項能力，企業通常會採用以下方法：

- 遞延應付帳款的付款期限
- 縮短應收帳款的賒帳期間
- 發行股票及或企業債券
- 發行紅股代替支付現金股息
- 降低庫存量
- 通過租賃方式購置固定資產

表9.2：短期變現能力／週轉能力（Short-term Liquidity）

流動比率或營運資金比率（Current Ratio或Working Capital Ratio） = 流動資產/流動負債	它顯示企業以流動資產償還短期負債的能力。理論的理想標準是2：1。實際上，大多數企業都不會存有太多流動資產。 比率過高是代表企業保留過多閒置短期資產及資源。長期維持高水平可能代表企業找不著投資機會。如果比率太低，代表企業可能沒有充足的流動資金以應付短期債務的責任。
速動比率（Acid Test Ratio或Liquid Ratio） = 現金/流動負債	它顯示企業以速動資產償還短期負債的能力。速動資產是指那些可以隨時轉變為現金的資產。理論上，它包括除存貨外的所有流動資產。理想的標準為1：1。 如果比率過高，代表企業可能保留過多閒置速動資產及資源。如果比率太低，代表企業在需要時，可能會遇到變現的困難。
淨營運資本（Net Working Capital） =流動資產－流動負債 此處， 流動資產＝現金＋應收帳款＋存貨	它是指一家企業在年度結算日時，在沒有限制的情況下可以運用的資本。最簡單的方法是將流動資產減去流動負債，或將所有類現金加起。 比率高乃代表企業現金流轉沒有問題，比率低則代表短期現金短絀，企業可能需要舉債或以變賣資產方法套現。
存貨週轉率 = 售出產品/成本存貨	量度企業生產成本與存貨的關係。比率愈高代表企業的生產成本愈高。

應收帳款週轉率 ＝銷售收入/應收帳款	一個非常重要的比率，它揭示企業在銷售完畢後，仍有多少貨款還未收妥。如果比率過高，代表企業有可能出現壞帳，或所謂銷售只是實質借貨給客戶。甚者，銷售可能是假造的。
應付帳款週轉率 ＝購入原材料/應付帳款	它量度企業在購入原材料後，要用多少時間付清貨款。比率愈高，代表企業在購貨方面有較優勢。反之，在供應商立場來看，該企業並非其主要客戶。
存貨週轉天數 ＝365（或360天）/存貨週轉率	理論上，它反映企業需要多少時間出售存貨。所以比率愈低愈理想。如果比率太高，代表企業在銷售中可能在價錢、質量或定位方面存有問題，
應收帳款週轉天數 ＝365（或360天）/應收帳款週轉率	與應收帳款週轉率相似，是揭示企業在銷售完畢後的收款情況。比率愈低愈理想。如果比率過高，代表壞帳可能出現。
應付帳款週轉天數 ＝365（或360天）/應付帳款週轉率	應付帳款週轉率的另一版本，以天數作量度單位。 比率愈高，代表企業在供應商角度是有議價能力的。
平均收帳期 ＝應收帳款×365/銷售收入	應收帳款週轉率及應收帳款週轉天數的相類版本。 比率愈低愈理想。如果比率過高，表示壞帳可能出現。

9.2.3 資本結構及長期償還能力比率
（Capital Structure and Long-term Solvency Ratios）

　　這組比率是用作揭示企業資本的組成情況，最重要的意義是考察企業是否過度借貸。其實，企業利用借貸去營運是可以提高回報，這就是所謂槓桿（Leverage）原理。但假如企業借貸過高，利息支出已經耗盡企業從日常營運賺回來的收入；再者，貸款機構有時會因一些特別的原因而要求企業還款，這些原因可能不在企業，而是在貸款機構自身。然而假如企業的借貸比率高，他們有機會因未能及時套現，以致觸發財務危機。

　　在考核這組比率時，投資者犯最大的錯誤是以為借貸比率高就是不好。一般很多投資者會覺得50%的借貸比率是一個分水嶺，在50%以上就是理想，反之，50%以下就是債台高築。這大概是因過去大部份香港企業（特別是那些由傳統華人家族所管理的企業）的負債比率都是偏低。事實上，借貸幅度當與個別行業有關。例如，航空企業及船務企業都會以高槓桿借債來購買生財工具。另一方面，在企業財務的範疇裏，有一個資本「合適化」（Capital Optimization）的概念，即合理的資本結構應視乎利息支出與營運回報兩者高低互動來決定。我將會在〈選股準則〉一章詳談。

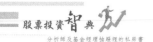
表9.3：資本結構及長期償還能力比率

（Capital Structure and Long-term Solvency Ratios）

負債比率（**Debt Ratio**） ＝淨負債/股東權益	反映企業所有負債佔全部資本（包括自身資本及儲備）的比例。高比率代表利息支出會消耗企業從營運所賺得的現金。
利息保障倍數（**Interest Cover**） ＝息稅前盈利/利息支出	指出一家企業在一個財政年度內所獲得的盈利能夠支付多少利息總數的倍數。低比率代表即使在經營環境欠佳時，可能會遇到難以應付所有利息支出。
資本負債比率或槓桿比率 （**Capital Gearing Ratio**） ＝總負債/股東權益	反映企業的資本結構，與負債比率相若。

9.2.4. 管理效率

（Management Efficiency）

　　顧名思義，這組比率是可以用來考察企業的管理效率。這裏所談的管理效率是以營運方面為主，例如如何控制庫存，客戶管理等。由於這裏很多的比率都是與短期週轉有關，故此，有投資者將這兩組比率併合。我對此並沒有太意見。

表9.4：管理效率（Management Efficiency）

存貨週轉率 （Stock Turnover） ＝銷售成本平均存貨	將售出貨物的成本除以平均存貨所得。反映全年售出存貨的週轉次數。高比率代表高銷售量和低庫存費用　。
債務人之還款期限或稱賒銷期限（Debtor Turnover或稱Credit Period Allowed to Debtors） ＝平均債務人賒銷／365日	反映企業應收帳款的賒銷期限長短及賒帳期政策。理論上，比率愈低愈理想，但仍要視行業的特性而定。
債權人之還款期限或稱賒購期限（Creditor Turnover或稱Credit Period Received from Creditors） ＝平均債權人賒購／365日	反映企業應付帳款期限的長短及賒帳期政策。理論上，比率愈高愈理想，但仍要視乎行業的特性。
資產週轉率 （Asset Turnover Ratio） ＝營銷收入／總資產	反映企業資產與銷貨的關係。高比率代表資產是較有效益的。

9.2.5 投資評估
（Investment Appraisal）

　　這組比率主要是反映市場對企業的素質所願意付出的價格。此處最大的問題在於該市價是否如實反映該企業的真實質素。在股票估值方面，我們可以從兩方面來著眼；其一，是根據企業資

產或盈利來評估企業的實質價值。有投資者認為這種充滿主觀的估值方法流於過份理論化。故此，這類估值方法多由機構性及專業投資者所使用。其二，用類比法，即比較兩家或以上企業的投資評估比率，然後選擇價錢較低的股份。雖然這種估值方法陷阱處處，但由於方便使用及易於明白，是市場最流行及最受投資者信賴的估值方法。有關個別估價方法的詳情，請參閱本書選股準則一章。又如果讀者有興趣詳盡瞭解不同的估價方法，可參閱我另一本專書《證券價格評估「智」典》（香港：策匯傳信，2009）。

表9.5：投資評估Investment Appraisal

市盈率 （Price／Earnings Ratio） ＝股票市價／每股盈利	將普通股股票的市價除以每股盈利所得。股票投資者一般會選取低市盈率的股票。
派息比率 （Dividend Payout Ratio） ＝每股派息／每股盈利	將每股普通股實際股息除以每普通股盈利所得。股票投資者一般會選取高派息比率的企業。
股息率 （Dividend Yield） ＝每股派息／股票市值X 100%	將每股普通股實際股息除以普通股的市價所得。某層面上，可反映投資者實際可獲得的現金回報，股票投資者一般會選取高股息率的股票。

9.3 綜合類會計比率

　　綜合上述各比率，我們不難發覺每組比率只能揭示某方面的狀況。故此，有學者提出一些較全面的比率。下面分別介紹杜邦方程式（The DuPont Formula）及Altman Z-分數。

9.3.1 杜邦方程式
（The DuPont Formula）

　　其中一個較受市場接受，並且被受廣泛使用的是杜邦方程式（The DuPont Formula）：

　　淨資產利率＝（利潤／銷售收入）x（銷售收入／資產總額）x（資產總額／權益）

　　杜邦分析法的原來目的是考核企業淨資產收益率變化的原因。它透過將淨資產收益率分解為三部份進行分析，即：銷售淨收益（用作考核營運效率）、總資產週轉率（用作考核資產使用

效率）和權益乘數（Equity Multiplier，用作考核財務槓桿，又稱權益淨收益）。

　　杜邦方程式其實是開展自淨資產收益率的原始公式，即：
淨資產收益率＝淨收益／總權益

然後將總權益加入並重組，得出：
淨資產收益率＝（淨利潤／總權益）x（總權益／總資產）
＝資產淨利率 x 權益乘數

最後加入銷售收入並重組，得出：
淨資產收益率＝（淨利潤／銷售收入）x（銷售收入／總資產）x（總資產／總權益）
＝銷售淨利率 x 資產週轉率 x 權益乘數

　　我們也可以以圖表表示：

圖9.1：杜邦方程式分析圖

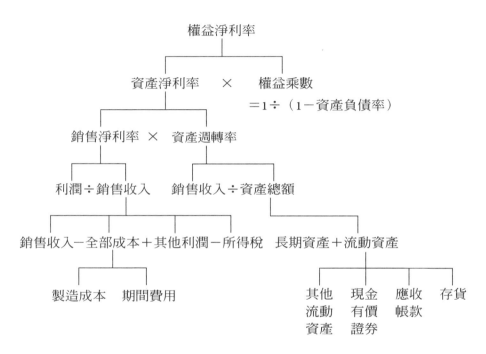

　　杜邦方程式是透過分拆ROE以獲得更多企業不同財務部門的訊息。假設條件不變，公式中任何一項增長都會帶動ROE上升。

　　可惜杜邦方程式還是主要靠從企業資產負債表獲取數據，故可以說是財務結算日的狀況，仍是歷史。故此，在使用時，只可看作眾多參考資訊的其中一項。

9.3.2 Altman Z-分數
（Altman Z-score） （註十六）

由Edward l. Altman於1968年所提出，此分析方法主要用於預測企業在兩年內會否發生破產的可能性，它是利用五個不同會計比率來計算。Altman以66間資產值少於100萬美元並已申請破產保護令（即受所謂美國聯邦破產法第十一章(Chapter 11，Bankrupty Code所保障）的製造商來建立此方程式。Z-分數是

$$Z = 1.2T1 + 1.4T2 + 3.3T3 + 0.6T4 + 0.999T5$$

此處：

T1 ＝ 營運資本／總資產（Working Capital／Total Assets）

T2 ＝ 保留盈利／總資產（Retained Earnings／Total Assets）

T3 ＝ 息稅前盈利／總資產（EBIT／Total Assets）

T4 ＝ 股權的市價／總負債的帳面值（Market Value of Equity／Book Value of Total Liabilities）

T5 ＝ 營銷收入／總資產（Sales／Total Assets）

註十六：Caouette, JB., Altman E. I., 及Narayanan, P., （1998）Managing Credit Risk – the Next Great Financial Challenge, John Wiley & Sons

上述公式的解讀是：

Z分數 ＞ 2.99：企業處於「安全地帶」（Safe Zone）

1.8 ＜ Z分數 ＜ 2.99：企業處於「灰色地帶」
（Grey Zone）

Z分數＜1.8：企業處於「災難性地帶」（Distressed Zone）

雖然這分數在市場上仍有分析員採用，並且對不同群組的企業有新修訂的分數定義，但所用的數據經已過時，投資者大可不必過分依賴此分析方法。

第十章
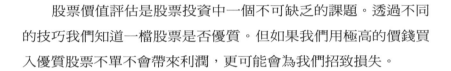
證券價值評估

　　股票價值評估是股票投資中一個不可缺乏的課題。透過不同的技巧我們知道一檔股票是否優質。但如果我們用極高的價錢買入優質股票不單不會帶來利潤，更可能會為我們招致損失。

　　目前常用的價值評估方法主要分為兩大類：1. 類比法：即將同類企業所發行的股票作直接對比。2. 現金折現方法：即將估計未來可能獲得的現金（持股人或企業）折算為今天的幣值。當然，每種方法都有它們的利與弊。因非本書主題，我不打算在此詳細討論。事實上，坊間也有不少書本詳盡介紹這課題。其中當然包括我另一本著作《證券價格評估「智」典》（策匯傳信，2009年）。在此，為使本書具一定完整性，我將主要用於股票價值評估的公式記錄如下供讀者參考。分類如下：

EQUITY VALUATION FORMULAE證券價格評估公式	
Income Discounting/Cash Flow Models折現收入/現金流模型	
Based on Dividend Payments • Dividend payments discounted by required return on equity	**股息收入爲估值基礎** • 以所需回報率折現股息收入

<table>
<tr><td>

General Model

$$S_0 = \sum_{t=1}^{T} \frac{D_t}{(1+k)^t} + \frac{S_T}{(1+k)^T} = \sum_{T=1}^{\infty} \frac{D_t}{(1+k)^t}$$

where

S_0 theoretical share price

D_t dividend per share in period t

k required return on equity

S_T terminal stock price at time T

t period of time

</td><td>

一般模型

$$S_0 = \sum_{t=1}^{T} \frac{D_t}{(1+k)^t} + \frac{S_T}{(1+k)^T} = \sum_{T=1}^{\infty} \frac{D_t}{(1+k)^t}$$

此處

S_0 理論股價

D_t t期間的每股股息

k 所需回報率

S_T 第T期的最終股價

t 時間期數

</td></tr>
<tr><td>

Constant Dividend Growth or
Gordon-Shapiro Model

$$S_0 = \frac{D_1}{k-g_D} = \frac{D_0(1+g_D)}{k-g_D}$$

where

S_0 theoretical share price

D_t dividend per share in period t

k required return on equity,

g_D growth rate of expected future dividends

$k > g_D$

</td><td>

股息固定增長或
Gordon-Shapiro模型

$$S_0 = \frac{D_1}{k-g_D} = \frac{D_0(1+g_D)}{k-g_D}$$

此處

S_0 理論股價

D_t t期間的每股股息

k 所需回報率

g_D 預期未來股息的增長率

$k > g_D$

</td></tr>
</table>

Zero Dividend Model	零股息模型
$$S_0 = \frac{EPS_0}{k}$$	$$S_0 = \frac{EPS_0}{k}$$
where	此處
S_0　theoretical share price	S_0　理論股價
EPS_0　earnings per share	EPS_0　每股盈利
k　required return on equity	k　所需回報率
g_D　growth rate of expected future dividends	g_D　預期未來股息的增長率
$g_D = 0$	$g_D = 0$
Two-Segment Dividend Growth Model	**兩段股息增長模型**
$$S_0 = \frac{D_t}{(k+g_{D1})}\left[1-(\frac{1+g_{D1}}{1+k})^T\right] + \frac{D_T+1}{(1+k)^T(k-g_{D2})}$$ $$= \frac{D_t}{(k+g_{D1})}\left[1-\frac{(g_{D1}-g_{D2})}{(k-g_{D2})}(\frac{1+g_{D1}}{1+k})^{T-1}\right]$$	$$S_0 = \frac{D_t}{(k+g_{D1})}\left[1-(\frac{1+g_{D1}}{1+k})^T\right] + \frac{D_T+1}{(1+k)^T(k-g_{D2})}$$ $$= \frac{D_t}{(k+g_{D1})}\left[1-\frac{(g_{D1}-g_{D2})}{(k-g_{D2})}(\frac{1+g_{D1}}{1+k})^{T-1}\right]$$
where	此處
S_0　theoretical share price	S_0　理論股價
D_t　dividend per share in period t	D_t　t期間的每股股息
t　period of time	t　時間期數
T　T years	T　第T 期
k　required return on equity	k　所需回報率
g_{D1}　growth rate of expected future dividends for T years	g_{D1}　T期間內預期未來股息的增長率
g_{D2}　growth rate expected future dividends thereafter	g_{D2}　期後預期未來股息增長率

$k \neq g_{D1}$ $k > g_{D2}$ $D_{T+1} = D_1(1+g_{D1})^{T-1}(1+g_{D2})$	$k \neq g_{D1}$ $k > g_{D2}$ $D_{T+1} = D_1(1+g_{D1})^{T-1}(1+g_{D2})$
Fuller and Hsia Model (or H Model) $S_o = \dfrac{D_1}{(k+g_{D2})} + \dfrac{D_1 \cdot H(g_{D1}-g_{D2})}{(k-g_{D2})(1+g_{D1})}$ where S_o theoretical share price D_t dividend per share in period t t period of time k required return on equity g_D growth rate of expected future dividends H mid-point of the period with high growth g_{D1} growth rate for T_1 years g_{D2} growth after T_2 years Declining growth between T_1 and T_2 $H = \dfrac{T_1+T_2}{2}$ $k > g_{D2}$	**Fuller 及Hsia模型（簡稱H模型）** $S_o = \dfrac{D_1}{(k+g_{D2})} + \dfrac{D_1 \cdot H(g_{D1}-g_{D2})}{(k-g_{D2})(1+g_{D1})}$ 此處 S_o 理論股價 D_t t期間的每股股息 t 時間期數 k 所需回報率 g_D 預期未來股息的增長率 H 高增長時段的中間點 g_{D1} 期間內的增長率 g_{D2} 期間後的增長率 在 T_1 和 T_2 期間增長放緩 $H = \dfrac{T_1+T_2}{2}$ $k > g_{D2}$
Based on Operating Cash Flow to Equity Investors • Equity cash flow discounted by required return on equity	**股東權益的現金流為估值基礎** • 以所需回報率折現股東權益現金流

General Model

$$V_0^e = \sum_{t=1}^{T} \frac{ECF_t^e}{(1+k)^t} + \frac{V_0^e}{(1+k)^T}$$

where

V_0^e expected value of equity

ECF_t^e expected equity cash flow in period t

$ECF_t^e = PAT_t + DEP_t - Prin_t - I_t$

PAT_t profit after tax in period t

DEP_t book depreciation in period t

$Prin_t$ net repayment of debt principal in period t

I_t new capital investment in period t

p dividend payout ratio

D/E target debt / equity ratio

k required return on equity

V_T^e terminal equity value in period T

t period of time

一般模型

$$V_0^e = \sum_{t=1}^{T} \frac{ECF_t^e}{(1+k)^t} + \frac{V_0^e}{(1+k)^T}$$

此處

V_0^e 預期證券的價值

ECF_t^e 預期股東權益現金流

$ECF_t^e = PAT_t + DEP_t - Prin_t - I_t$

PAT_t t期間內的稅後利潤

DEP_t t期間內的帳面折舊

$Prin_t$ t期間內債務本金的淨償還

I_t t期間內的新資本投資

p 股息支付率

D/E 目標債務/股東權益比例

k 所需回報率

V_T^e T期間的最終股東權益價值

t 時間期數

Constant Perpetual Growth Model	固定永續增長模型
$$V_0^e = \frac{p \cdot PAT_t}{k - g_{ECF}} = \frac{p \cdot PAT_t}{k - (1-p)ROBE}$$	$$V_0^e = \frac{p \cdot PAT_t}{k - g_{ECF}} = \frac{p \cdot PAT_t}{k - (1-p)ROBE}$$
where V_0^e expected value of equity p dividend payout ratio PAT_1 profit after tax in period 1 k required return on equity g_{ECF} growth rate of free cash flow of equity t period of time $ROBE$ return on book equity $I_t = (1-p)PAT_t + DEP_t + (D/E)(1-p)PAT_t$ $g_{ECF} = (1-p)ROBE$ $k > g_{ECF}$	此處 V_0^e 股東權益價值的預期 p 股息支付率 PAT_1第1段時期內的稅後利潤 k 所需回報率 g_{ECF} 股東權益自由現金流的增長率 t 時間期數 $ROBE$帳面股東權益回報 $I_t = (1-p)PAT_t + DEP_t + (D/E)(1-p)PAT_t$ $g_{ECF} = (1-p)ROBE$ $k > g_{ECF}$
Zero Growth Model $$V_0^e = \frac{p \cdot PAT_t}{k}$$	零增長模型 $$V_0^e = \frac{p \cdot PAT_t}{k}$$
where p dividend payout ratio g_{ECF} growth rate of free cash flow of equity k required return on equity PAT_1 profit after tax in period 1 $p = 1$ $g_{ECF} = 0$	此處 p 股息支付率 g_{ECF} 股東權益的自由現金流的增長率 k 所需回報率 PAT_1第1段時期內的稅後利潤 $p = 1$ $g_{ECF} = 0$

Two-Segment Growth Model

$$V_o^e = \frac{p_1 \cdot PAT_t}{k - g_{ECF1}}\left[1 - (\frac{1 - g_{ECF1}}{1 + k})^T\right] + \frac{p_2 \cdot PAT_{T+1}}{(1+k)^T(k + g_{ECF1})}$$

where

V_o^e expected value of equity

p_1 dividend payout ratio in period 1

p_2 dividend payout ratio in period 2

PAT_t profit after tax in period 1

k required return on equity

g_{ECF1} the growth rate of equity cash flow in period 1

g_{ECF2} the growth rate of equity cash flow in period 2

$ROBE_1$ return on book equity in period 1

$ROBE_2$ return on book equity in period 2

$g_{ECF1} = (1 - p_1)ROBE_1$ for T years

$g_{ECF2} = (1 - p_2)ROBE_2$ thereafter

$PAT_{T+1} = PAT_1(1 + g_{ECF1})^{T-1}(1 + g_{ECF2})$

$k \neq g_{ECF1}$

$k > g_{ECF2}$

兩段增長模型

$$V_o^e = \frac{p_1 \cdot PAT_t}{k - g_{ECF1}}\left[1 - (\frac{1 - g_{ECF1}}{1 + k})^T\right] + \frac{p_2 \cdot PAT_{T+1}}{(1+k)^T(k + g_{ECF1})}$$

此處

V_o^e 股東權益價值的預期

p_1 第1期的股息支付率

p_2 第2期的股息支付率

PAT_t 第1段時期內的稅後利潤

k 所需回報率

g_{ECF1} 第1期的股東權益現金流的增長率

g_{ECF2} 第2期的股東權益現金流的增長率

$ROBE_1$ 第1期的帳面股東權益回報

$ROBE_2$ 第2期的帳面股東權益回報

$g_{ECF1} = (1 - p_1)ROBE_1$ 於T期間

$g_{ECF2} = (1 - p_2)ROBE_2$ 其後，

$PAT_{T+1} = PAT_1(1 + g_{ECF1})^{T-1}(1 + g_{ECF2})$

$k \neq g_{ECF1}$

$k > g_{ECF2}$

Fruhan Model (Two-Segment Growth)	Fruhan模型(兩段增長)
$$V_0^e = \frac{BV_o}{(k-g_{ECF1})}\left[p_1 \cdot ROBE_t + (k-ROE_1)(\frac{1+g_{ECF1}}{1+k})^T\right]$$	$$V_0^e = \frac{BV_o}{(k-g_{ECF1})}\left[p_1 \cdot ROBE_t + (k-ROE_1)(\frac{1+g_{ECF1}}{1+k})^T\right]$$
where	此處
V_0^e expected value of equity	V_0^e 股東權益價值的預期
p_1 dividend payout ratio in period 1	p_1 第1期的股息支付率
p_2 dividend payout ratio in period 2	p_2 第2期的股息支付率
BV_o book value of equity in period0	BV_o 第1期的股東權益帳面價值
BV_T book value of equity in period T	BV_T 第T期的股東權益帳面價值
k required return on equity	k 所需回報率
g_{ECF1} the growth rate of free cash flow of equity in period 1	g_{ECF1} 第1期的股東權益的自由現金流的增長率
$ROBE_1$ return on book equity in period 1	$ROBE_1$第1期的帳面股東權益回報
T period T	T 第T期
PAT_1 profit after tax	PAT_1稅後利潤
$p_1 = p_2$	$p_1 = p_2$
$PAT_{T+1} = k \cdot BV_T$	$PAT_{T+1} = k \cdot BV_T$
$g_{ECF1} = (1-p_1)ROBE_t$	$g_{ECF1} = (1-p_1)ROBE_t$
$k \neq g_{ECF1}$	$k \neq g_{ECF1}$

Based on Free Cash Flow to Firm	企業的自由現金流為估值基礎
• Free Cash Flow to Firm discounted by WACC	• 以WACC折現企業的自由現金流

General Model

$$V_o = \sum_{t=1}^{T} \frac{FCF_t}{(1+WACC)^t} + \frac{V_T}{(1+WACC)^T}$$

where

V_o value of equity

FCF_t free cash flow to firm in period t

$WACC$ after-tax weighted average cost of capital

V_T terminal value in period T

I_t new investment in period t

$FCF_t = OCF_t - I_t$

一般模型

$$V_o = \sum_{t=1}^{T} \frac{FCF_t}{(1+WACC)^t} + \frac{V_T}{(1+WACC)^T}$$

此處

V_o 股東權益價值

FCF_t 在t期間企業的自由現金流

$WACC$稅後加權平均資本成本

V_T T期間的終值

I_t t期間的新投資

$FCF_t = OCF_t - I_t$

Constant Growth (Finite Duration) Model

$$V_o = \frac{(1+t_x)(1-a)EBIT_1}{(WACC-g_{FCF})}\left[1-(\frac{1+g_{FCF}}{1+WACC})^T\right] + \frac{V_T}{(1+WACC)^T}$$

where

V_o value of equity

t_x income tax rate

a proportion of after-tax EBIT reinvested

$WACC$ after-tax weighted average cost of capital

l_t new investment in period t

DEP_t depreciation in period t

$EBIT_t$ earnings before interest and tax in period t

$GEOI$ gross return on investment

V_T terminal value of equity in period T

g_{FCF} growth rate of free cash flow to firm

$g_{FCF} = a(1-t_x)\,GEOI$

$GEOI = EBIT_t/total\ assets$

$l_t = DEP_t + a(1-t_x)\,EBIT$

$WACC \neq g_{FCF}$

固定增長（有限期）模型

$$V_o = \frac{(1+t_x)(1-a)EBIT_1}{(WACC-g_{FCF})}\left[1-(\frac{1+g_{FCF}}{1+WACC})^T\right] + \frac{V_T}{(1+WACC)^T}$$

此處

V_o 股東權益的價值

t_x 所得稅稅率

a 稅後EBIT的再投資比例

$WACC$稅後加權平均資本成本

l_t t期間的新投資

DEP_t t期間的折舊

$EBIT_t$t期間的息稅前盈利

$GEOI$投資總收益

V_T T期的期終股東權益價值

g_{FCF} 企業的自由現金流的增長率

$g_{FCF} = a(1-t_x)GEOI$

$GEOI = EBIT_t/total\ assets$

$l_t = DEP_t + a(1-t_x)\,EBIT$

$WACC \neq g_{FCF}$

Constant Perpetual Growth Model	固定永續增長模型
$$V_0 = \frac{(1-t_x)(1-a)EBIT_1}{(WACC-g_{FCF1})}$$	$$V_0 = \frac{(1-t_x)(1-a)EBIT_1}{(WACC-g_{FCF1})}$$
where	此處
V_0 value of equity	V_0 股東權益價值
t_x income tax rate	t_x 所得稅稅率
$GEOI$ gross return on investment	$GEOI$ 投資總收益
a proportion of after-tax EBIT reinvested	a 稅後息稅前盈利再投資的比例
g_{FCF} growth rate of free cash flow to firm	g_{FCF} 企業的自由現金流的增長率
$WACC$ after-tax weighted average cost of capital	$WACC$稅後加權平均資本成本
$EBIT_1$ earnings before interest and tax in period 1	$EBIT_1$第1期的息稅前盈利
$g_{FCF} = a(1-t_x)GEOI$ $WACC > g_{FCF}$	$g_{FCF} = a(1-t_x)GEOI$ $WACC > g_{FCF}$

Zero Growth Model	零增長模型
$$V_0 = \frac{(1-t_{tax})EBIT_1}{WACC}$$	$$V_0 = \frac{(1-t_{tax})EBIT_1}{WACC}$$
where	此處
V_0　value of equity	V_0　股東權益價值
t_x　income tax rate	t_x　所得稅稅率
$EBIT_1$ earnings before interest and tax in period 1	$EBIT_1$第1期的息稅前盈利
$WACC$ after-tax weighted average cost of capital	$WACC$稅後加權平均資本成本
a　proportion of after-tax EBIT reinvested	a　稅後EBIT再投資的比例
g_{FCF} growth rate of free cash flow to firm	g_{FCF} 企業的自由現金流的增長率
$a = g_{FCF} = 0$	$a = g_{FCF} = 0$

股票投資智典
分析師及基金經理抽屜裡的私房書

Two-Segment Growth Model

$$V_0 = \frac{(1-a_1)(1-t_x)EBIT_1}{(WACC-g_{FCF1})}\left[1-(\frac{1+g_{FCF1}}{1+WACC})^T\right] + \frac{V_T}{(1+WACC)}$$

where

V_0 value of equity

t_x income tax rate

a_1 proportion of after-tax EBIT reinvested in period 1

a_2 proportion of after-tax EBIT reinvested in period 2

$EBIT_1$ earnings before interest and tax in period 1

$WACC$ after-tax weighted average cost of capital

V_T terminal value of equity

g_{FCF} growth rate of free cash flow to firm

Invest a_1 proportion and grow at rate g_{FCF1} for T years

Invest a_2 proportion and grow at rate g_{FCF2} thereafter

$WACC \neq g_{FCF1}$

$WACC > g_{FCF2}$

$EBIT_{T+1} = EBIT_1(1-g_{FCF1})^{T-1}(1+g_{FCF2})$

$$V_r = \frac{(1-x_t)(1-t_x)EBIT_{T+1}}{(WACC-g_{FCF1})}$$

兩段增長模型

$$V_0 = \frac{(1-a_1)(1-t_x)EBIT_1}{(WACC-g_{FCF1})}\left[1-(\frac{1+g_{FCF1}}{1+WACC})^T\right] + \frac{V_T}{(1+WACC)}$$

此處

V_0 股東權益價值

t_x 所得稅稅率

a_1 第1期稅後息前盈利再投資的比例

a_2 第2期稅後息前盈利再投資的比例

$EBIT_1$第1期的息稅前盈利

$WACC$稅後加權平均資本成本

V_T 股東權益的最終價值

g_{FCF} 企業的自由現金流的增長率

在T期間，按 a_1 比例作投資及以 g_{FCF1}的速度增長

其後，按 a_2 比例作投資及以 g_{FCF1}速度增長

$WACC \neq g_{FCF1}$

$WACC > g_{FCF2}$

$EBIT_{T+1} = EBIT_1(1-g_{FCF1})^{T-1}(1+g_{FCF2})$

$$V_r = \frac{(1-x_t)(1-t_x)EBIT_{T+1}}{(WACC-g_{FCF1})}$$

Based on Free Cash Flow to Firm • Free Cash Flow to Firm discounted by APV	企業的自由現金流為估值基礎 • 以APV折現企業的自由現金流
General Model $$V_0 = \sum_{t=1}^{T} \frac{FCF_t}{(1+p_o)^t} + \sum_{t=1}^{T} t_{xt} \frac{Int_t}{(1+i)^t}$$ where FCF_t free cash flow to firm in period t OCF_t after-tax operating cash flow in period t l_t new investment in period t p_o unlevered cost of equity Int_t interest expense in period t t_{xt} income tax rate in period t i discount rate for income tax shield V_o value of equity $FCF_t = OCF_t - l_t$	**一般模型** $$V_0 = \sum_{t=1}^{T} \frac{FCF_t}{(1+p_o)^t} + \sum_{t=1}^{T} t_{xt} \frac{Int_t}{(1+i)^t}$$ 此處 FCF_t 在t期間企業的自由現金流 OCF_t t期間的稅後經營現金流 l_t t期間的新投資 p_o 無槓桿股東權益成本 Int_t t期間利息費用 t_{xt} t期間所得稅稅率 i 所得稅稅盾的折現率 V_o 股東權益價值 $FCF_t = OCF_t - l_t$

Certain Tax Shields and Constant Leverage

(Ashton and Atkins Approach)*

*Details at: D. Ashton and D. Atkins, "Interactions of Corporate Financing and Investment Decisions — Implications for Capital Budgeting: A Further Comment," Journal of Finance, December 1978

General Model

$$V_0 = a \cdot V_o^u + (1+a)V_o$$

$$= \sum_{t=1}^{T} \frac{FCF_t}{(1+p_o)^t} + (1+a)\sum_{t=1}^{T} \frac{FCF_t}{(1+i)^t}$$

where

V_o value of equity

$$V_o^u = \sum_{t=1}^{T} \frac{FCF_t}{(1+p_o)^t}$$

$$V_o^u = \sum_{t=1}^{T} \frac{FCF_t}{(1+i)^t}$$

FCF_t free cash flow to firm in period t

OCF_t after-tax operating cash flow in period t

i discount rate for income tax shield

p_o unlevered cost of equity

t_x income tax rate

OCF_t after-tax operating cash flow in period t

確定的稅盾及固定槓桿

(Ashton和Atkins方法) *

*參考 D. Ashton and D. Atkins, "Interactions of Corporate Financing and Investment Decisions — Implications for Capital Budgeting: A Further Comment," Journal of Finance, December 1978

一般模型

$$V_0 = a \cdot V_o^u + (1+a)V_o$$

$$= \sum_{t=1}^{T} \frac{FCF_t}{(1+p_o)^t} + (1+a)\sum_{t=1}^{T} \frac{FCF_t}{(1+i)^t}$$

此處

V_o 股東權益價值

$$V_o^u = \sum_{t=1}^{T} \frac{FCF_t}{(1+p_o)^t}$$

$$V_o^u = \sum_{t=1}^{T} \frac{FCF_t}{(1+i)^t}$$

FCF_t 在t期間企業的自由現金流

OCF_t t期間的稅後經營現金流

所得稅稅盾的折現率

p_o 無槓桿股東權益成本

t_x 所得稅稅率

OCF_t t期間的稅後經營現金流

$O_t = \Theta(constant\ leverage)$ $a = (p_o - i)/(p_o - i)^1$ $i^1 = i(i - t_{tax} \cdot \Theta)^1$ $FCF_t = OCF_t - I_t$	$O_t = \Theta(constant\ leverage)$ $a = (p_o - i)/(p_o - i)^1$ $i^1 = i(i - t_{tax} \cdot \Theta)^1$ $FCF_t = OCF_t - I_t$

Constant Growth (Finite Duration) model	**固定增長（有限期）模型**
$$V_o = \frac{FCF_1}{(p_o - i^1)} \left\{ \frac{(p_o - i)}{(p_o - g_{FCF1})} \left[1 - (\frac{1+g}{1+p_o})^T \right] \right.$$ $$\left. + \frac{f \cdot t_x + g}{(i^1 - g_{FCF1})} \left[1 - (\frac{1+g}{1+i^1})^T \right] \right\}$$	$$V_o = \frac{FCF_1}{(p_o - i^1)} \left\{ \frac{(p_o - i)}{(p_o - g_{FCF1})} \left[1 - (\frac{1+g}{1+p_o})^T \right] \right.$$ $$\left. + \frac{f \cdot t_x + g}{(i^1 - g_{FCF1})} \left[1 - (\frac{1+g}{1+i^1})^T \right] \right\}$$
where	此處
V_o value of equity	V_o 股東權益價值
FCF_1 free cash flow in period 1	FCF_1 第1期的自由現金流
g_{FCF} growth rate of cash flow	g_{FCF} 現金流增長率
p_o unlevered cost of equity	p_o 無槓桿股東權益成本
t_x income tax rate	t_x 所得稅稅率
i discount rate for income tax shield	i 所得稅稅盾的折現率
Θ constant leverage	Θ 固定槓桿比率
$FCF_1 = FCF_1(1 + g_{FCF})^{t-1}$ $p_o \neq i^1$ $p_o \neq g_{FCF}$ $i^1 \neq g_{FCF}$	$FCF_1 = FCF_1(1 + g_{FCF})^{t-1}$ $p_o \neq i^1$ $p_o \neq g_{FCF}$ $i^1 \neq g_{FCF}$

股票投資智典
分析師及基金經理抽屜裡的私房書

Constant Perpetual Growth

$$V_o = \frac{FCF_1(i-g_{FCF})}{(p_o-g_{FCF})(i^1-g_{FCF})}$$
$$= V_o^e + \frac{i \cdot t_x \cdot D_o}{(i-g_{FCF})}$$

where

V_o value of equity

$$V_o^e = \frac{FCF_1}{(p_o-g_{FCF})}$$

FCF_1 free cash flow in period 1

OCF_t after-tax operating cash flow in period t

t_x income tax rate

g_{FCF} growth rate of FCF

p_o unlevered cost of equity

i discount rate for income tax shield

θ constant leverage

D_o debt

$FCF_t = OCF_t - l_t$

$i^1 = i(1-t_x \cdot \theta)$

$p > i^1 > g_{FCF}$

固定永續增長

$$V_o = \frac{FCF_1(i-g_{FCF})}{(p_o-g_{FCF})(i^1-g_{FCF})}$$
$$= V_o^e + \frac{i \cdot t_x \cdot D_o}{(i-g_{FCF})}$$

此處

V_o 股東權益價值

$$V_o^e = \frac{FCF_1}{(p_o-g_{FCF})}$$

FCF_1 第1期的自由現金流

OCF_t t期間的稅後經營現金流

$_x$ 所得稅稅率

g_{FCF} 現金流增長率

p_o 無槓桿股東權益成本
     所得稅稅盾的折現率

θ 固定槓桿比率

D_o 企業債項

$FCF_t = OCF_t - l_t$
     $= i(1-t_x \cdot \theta)$

$p > i^1 > g_{FCF}$

Zero Growth Model (Modigliani-Miller Model)	零增長模型（Modigliani-Miller模型）
$V_o = \dfrac{FCF_1}{p_o(1 - t_x \cdot \theta)}$ $= V_0^u + t_x \cdot D_o$ Where V_o = value of equity $V_0^u = \dfrac{FCF}{p_o}$ FCF_1 cash flow in period 1 p_o unlevered cost of equity t_x income tax rate θ constant leverage D_o debt $g_{FCF} = 0$	$V_o = \dfrac{FCF_1}{p_o(1 - t_x \cdot \theta)}$ $= V_0^u + t_x \cdot D_o$ 此處 V_o = 股東權益價值 $V_0^u = \dfrac{FCF}{p_o}$ FCF_1 第1期的現金流 p_o 無槓桿股東權益成本 t_x 所得稅稅率 θ 固定槓桿比率 D_o 企業債項 $g_{FCF} = 0$

Two-Segment Growth Model

$$V_o = \frac{FCF_1}{(p_o - i^1)} \left\{ \frac{(p_o - i)}{(p_o - g_{FCF1})} \left[1 - (\frac{1 + g_{FCF1}}{1 + p_o})^T \right] \right.$$

$$+ \frac{i \cdot t_x + g}{(i^1 - g_{FCF1})} + \frac{CF_{T+1}}{(p_o - i^1)} \left[\frac{(p_o - i)}{(p_o - g_{FCF1})(p_o + i)^T} \right.$$

$$\left. \left. + \frac{i}{(i^1 - g_{FCF1})} \right] \right\}$$

where

V_o value of equity

FCF_1 free cash flow in period 1

g_{FCF1} growth rate of cash flow in period 1

g_{FCF2} growth rate of cash flow in period 2

p_o unlevered cost of equity

t_x income tax rate

i discount rate for income tax shield

θ constant leverage

$i^1 = i^1(1 - t_x \cdot \theta)$

$p_o > i^1 > g_{FCF2}$

$p_o \neq g_{FCF1}$

$FCF_{T+1} = FCF_1(1^1 - g_{FCF1})^{T-1}(1 - g_{FCF2})$

兩段增長模型

$$V_o = \frac{FCF_1}{(p_o - i^1)} \left\{ \frac{(p_o - i)}{(p_o - g_{FCF1})} \left[1 - (\frac{1 + g_{FCF1}}{1 + p_o})^T \right] \right.$$

$$+ \frac{i \cdot t_x + g}{(i^1 - g_{FCF1})} + \frac{CF_{T+1}}{(p_o - i^1)} \left[\frac{(p_o - i)}{(p_o - g_{FCF1})(p_o + i)^T} \right.$$

$$\left. \left. + \frac{i}{(i^1 - g_{FCF1})} \right] \right\}$$

此處

V_o 股東權益價值

FCF_1 第1期的自由現金流

g_{FCF1} 第1期現金流的增長率

g_{FCF2} 第2期現金流的增長率

p_o 無槓桿股東權益成本

t_x 所得稅稅率

i 所得稅稅盾的折現率

θ 固定槓桿比率

$i^1 = i^1(1 - t_x \cdot \theta)$

$p_o > i^1 > g_{FCF2}$

$p_o \neq g_{FCF1}$

$FCF_{T+1} = FCF_1(1^1 - g_{FCF1})^{T-1}(1 - g_{FCF2})$

Uncertain Tax Shields and Constant Leverage

(Miles and Ezzell approach)*

*Details at: J.Miles and R. Ezzell, "The Weighted Average Cost of Capital, Perfect Capital Markets and Project Life: A Clarification," Journal of Financial and Quantitative Analysis, September 1980, pp.719-30

General Model

$$V_o = \sum_{t=1}^{T} \frac{FCF_t}{(1+r)^t} + \frac{V_T}{(1+r)^T}$$

Where

V_o value of equity

V_T terminal value in period T

FCF_t free cash flow in period t

OCF_t after-tax operating cash flow in period t

r discount rate

i discount rate for income tax shield

t_x income-tax rate

p_o unlevered cost of equity

$i^1 = i^1(1 - t_x \cdot O)$

$FCF_t = OCF_t - l_t$

$(1+r) = \dfrac{(1+p_o)(1+i^t)}{(1+i^t)}$

不確定的稅盾及固定槓桿

(Miles 及 Ezzell 方法)*

*參考: J.Miles and R. Ezzell, "The Weighted Average Cost of Capital, Perfect Capital Markets and Project Life: A Clarification," Journal of Financial and Quantitative Analysis, September 1980, 719-30頁

一般模型

$$V_o = \sum_{t=1}^{T} \frac{FCF_t}{(1+r)^t} + \frac{V_T}{(1+r)^T}$$

此處

V_o 股東權益價值

V_T T期間的終值

FCF_t 第t期的自由現金流

OCF_t t期間的稅後經營現金流

r 折現率

i 所得稅稅盾的折現率

t_x 所得稅稅率

p_o 無槓桿股東權益成本

$i^1 = i^1(1 - t_x \cdot O)$

$FCF_t = OCF_t - l_t$

$(1+r) = \dfrac{(1+p_o)(1+i^t)}{(1+i^t)}$

Constant Growth (Finite Duration) Model	固定增長（有限期）模型
$$V_o = \frac{FCF_1}{(r - g_{FCF1})}\left[1 - (\frac{1 + g_{FCF}}{1 + r})^T\right] + \frac{V_T}{(1+r)^T}$$	$$V_o = \frac{FCF_1}{(r - g_{FCF1})}\left[1 - (\frac{1 + g_{FCF}}{1 + r})^T\right] + \frac{V_T}{(1+r)^T}$$
where V_o value of equity r discount rate g_{FCF} growth rate of free cash flow FCF_t free cash flow in period t V_T the terminal value in period T $r \neq g_{FCF}$	此處 V_o 股東權益價值 r 折現率 g_{FCF} 自由現金流的增長率 FCF_t 第t期的自由現金流 V_T T期間的終值 $r \neq g_{FCF}$
Constant Perpetual Growth Model	固定永續增長模型
$$V_o = \frac{FCF_1}{(r - g_{FCF})}$$	$$V_o = \frac{FCF_1}{(r - g_{FCF})}$$
where V_o value of equity r discount rate g_{FCF} growth rate of free cash flow FCF_1 free cash flow in period 1 $r > g_{FCF}$	此處 V_o 股東權益價值 r 折現率 g_{FCF} 自由現金流的增長率 FCF_1 第1期的自由現金流 $r > g_{FCF}$

Zero Growth Model	零增長模型
$$V_o = \frac{FCF_1}{r}$$	$$V_o = \frac{FCF_1}{r}$$
where V_o　value of equity r　discount rate g_{FCF}　growth rate of cash flow FCF_1　free cash flow in period 1 $g_{FCF} = 0$	此處 V_o　股東權益價值 r　折現率 g_{FCF}　由現金流的增長率 FCF_1　第1期的自由現金流 $g_{FCF} = 0$
Two-Segment Growth Model	兩段增長模型
$$V_o = \frac{FCF_1}{(r - g_{FCF1})}\left[1 - (\frac{1 + g_{FCF1}}{1 + r})^T\right] + \frac{FCF_{T1}}{(r - g_{FCF2})(1 + r)}$$	$$V_o = \frac{FCF_1}{(r - g_{FCF1})}\left[1 - (\frac{1 + g_{FCF1}}{1 + r})^T\right] + \frac{FCF_{T1}}{(r - g_{FCF2})(1 + r)}$$
where V_o　value of equity FCF_1　free cash flow in period 1 r　discount rate g_{FCF1}　growth rate of cash flow in period 1 g_{FCF2}　growth rate of cash flow in period 2 $r \neq g_{FCF1}$ $r \neq g_{FCF2}$ $CF_{T+2} = CF_1 (1 - g_{FCF1})^{T+2}(1 - g_{FCF2})$	此處 V_o　股東權益價值 FCF_1　第1期的自由現金流 r　折現率 g_{FCF1}　第1期現金流的增長率 g_{FCF2}　第2期現金流的增長率 $r \neq g_{FCF1}$ $r \neq g_{FCF2}$ $CF_{T+2} = CF_1 (1 - g_{FCF1})^{T+2}(1 - g_{FCF2})$

Estimation of Discount Rate for Dividend Payments and Operating Cash Flow to Equity Investors	股息收入及股東權益的現金流用的估算折現率公式
Constant Perpetual Dividend Growth Model $$k = \frac{D_1}{(r - g_{FCF})} + g_D$$ where k required return on equity D_1 expected dividend per share S_o share price g_D dividend growth rate	**固定永續股息增長模型** $$k = \frac{D_1}{(r - g_{FCF})} + g_D$$ 此處 k 所需回報率 D_1 預期每股股息 S_o 股價 g_D 股息增長率
Zero Dividend Growth Model $$k = \frac{EPS_1}{S_o}$$ where k required return on equity EPS_1 expected earnings per share for the next year S_o share price	**零股息增長模型** $$k = \frac{EPS_1}{S_o}$$ 此處 k 所需回報率 EPS_1 預期下一年的每股盈利 S_o 股價

Fuller and Hsia Model	Fuller及Hsia模型
$k = \dfrac{D_1}{S_O}\left[1 - \dfrac{H(g_{D1}-g_{D2})}{(1-g_{D1})}\right] + g_{D2}$	$k = \dfrac{D_1}{S_O}\left[1 - \dfrac{H(g_{D1}-g_{D2})}{(1-g_{D1})}\right] + g_{D2}$
where	此處
k　required return on equity	k　所需回報率
D_1　expected dividend per share	D_1　預期每股股息
S_O　share price	S_O　股價
g_{D1}　growth rate for T_1 years	g_{D1}　期間T_1內的增長率
g_{D2}　growth after T_2 years	g_{D2}　期間T_2後的增長率
H　mid-point of the period with high growth	H　高增長時段的中間點
Declining growth between T_1 and T_2	在T_1和T_2期間增長放緩
$H = \dfrac{T_1 + T_2}{2}$	$H = \dfrac{T_1 + T_2}{2}$
$k > g_{D2}$	$k > g_{D2}$
Capital Asset Pricing Model (CAPM)	**資本資產定價模型（CAPM）**
$k = r_f + \beta[E(R_m) - r_f]$	$k = r_f + \beta[E(R_m) - r_f]$
where	此處
k　required return on equity	k　所需回報率
r_f　risk-free rate of return	r_f　無風險回報率
β　beta coefficient	β　啤打系數
$E(R_m)$ expected market returns	$E(R_m)$市場的預期回報
R_m　market returns	R_m　市場回報
$\beta = \dfrac{covariance\ between\ share\ and\ maket\ index}{variance\ of\ market\ index}$	$\beta = \dfrac{covariance\ between\ share\ and\ maket\ index}{variance\ of\ market\ index}$

Estimation of Discount Rate for Free Cash Flow （By WACC）	自由現金流模型用的 估算折現率公式（**WACC**）爲折現率
Weighted Average Cost of Capital (*WACC*) formula $$WACC = (1-t_x)r \cdot \frac{D}{V} + k \cdot \frac{E}{V}$$ where *WACC* weighted average cost of capital	加權平均資本成本（*WACC*）公式 $$WACC = (1-t_x)r \cdot \frac{D}{V} + k \cdot \frac{E}{V}$$ 此處 *WACC*加權平均資本成本

k income tax rate — *k* 所得稅稅率
t_x cost of debt — t_x 債務成本
r debt — *r* 債務
D debt + equity — *D* 債務＋股東權益
V equity — *V* 股東權益
E cost of equity — *E* 股東權益成本

Estimation of Discount Rate for Free Cash Flow （By APV）	自由現金流模型用的 估算折現率公式（APV爲折現率）
Certain Tax Shields (Ashton and Atkins Technique) Single-period Cash flow Composite Required Return $$p^o = p_o - \left[\frac{(1+p_o)\,i \cdot t_x \cdot \theta}{(1+i)}\right]$$ Implied Return on Equity $$k = \frac{p_o(1+i^1) - \theta \cdot i[1-t_x]}{(1+i)(1-\theta)}$$	確定的所得稅稅盾 (Ashton及Atkins 方法) 單時期現金流 綜合所需回報率 $$p^o = p_o - \left[\frac{(1+p_o)\,i \cdot t_x \cdot \theta}{(1+i)}\right]$$ 隱含股本回報率 $$k = \frac{p_o(1+i^1) - \theta \cdot i[1-t_x]}{(1+i)(1-\theta)}$$

where

p^o　composite required return

k　implied return on equity

t_x　income tax rate

p_o　unlevered required return on equity

i　cost of debt

$i^1=i(1-t_x\cdot\theta)$

θ　debt ratio

此處

p^o　綜合所需回報率

k　股東權益的引申回報

t_x　所得稅稅率

p_o　無槓桿股東權益的所需回報率

i　債務成本

$i^1=i(1-t_x\cdot\theta)$

θ　槓桿比率

Constant Perpetual Growth
Composite Required Return

$$p^o=p_o-\left[\frac{i\cdot t_x\cdot\theta(p_o-g)}{(i-g_{FCF})}\right]$$

Implied Return on Equity

$$k=\frac{p_o(i^1+g_{FCF})-i\cdot\theta\,[i(1-t_x)-g_{FCF}]}{(i+g_{FCF})(1-\theta)}$$

固定永續增長
綜合所需回報率

$$p^o=p_o-\left[\frac{i\cdot t_x\cdot\theta(p_o-g)}{(i-g_{FCF})}\right]$$

隱含股本回報率

$$k=\frac{p_o(i^1+g_{FCF})-i\cdot\theta\,[i(1-t_x)-g_{FCF}]}{(i+g_{FCF})(1-\theta)}$$

where

p^o　composite required return

k　implied return on equity

t_x　income tax rate

p_o　unlevered required return on equity

i　cost of debt

θ　debt ratio

g_{FCF}　growth rate of free cash flow

$i^1=i(1-t_x\cdot\theta)$

此處

p^o　綜合所需回報率

k　股東權益的引申回報

t_x　所得稅稅率

p_o　無槓桿股東權益的所需回報率

i　債務成本

θ　槓桿比率

g_{FCF}　自由現金流的增長率

$i^1=i(1-t_x\cdot\theta)$

Zero Perpetual Growth	**零永續增長**
Composite Required Return	綜合所需回報率
$p^1 = p_o(1 - t_x \cdot \theta)$	$p^1 = p_o(1 - t_x \cdot \theta)$
Implied Return on Equity	**隱含股本回報率**
$k = \dfrac{p_o(1 - t_x \cdot \theta) - \theta \cdot i\,(1 - t_x)}{(1 - \theta)}$	$k = \dfrac{p_o(1 - t_x \cdot \theta) - \theta \cdot i\,(1 - t_x)}{(1 - \theta)}$

where		此處	
p	composite required return	p	綜合所需回報率
k	implied return on equity	k	股東權益的引申回報
t_x	income tax rate	t_x	所得稅稅率
p_o	unlevered required return on equity	p_o	無槓桿股東權益的所需回報率
i^1	cost of debt	i	債務成本
$i^1 = i(1 - t_x \cdot \theta)$		$i^1 = i(1 - t_x \cdot \theta)$	
θ	debt ratio	θ	槓桿比率
g_{FCF}	growth rate of free cash flow	g_{FCF}	自由現金流的增長率

Uncertain Interest Tax Shield	**不確定的所得稅稅盾**
(Miles and Ezzell Approach)	**(Miles 及 Ezzell方法)**
Composite Required Return	綜合所需回報率
$p^o = p_o - \left[\dfrac{(1 - p_o)\,i \cdot t_x \cdot \theta}{(1 + i)} \right]$	$p^o = p_o - \left[\dfrac{(1 - p_o)\,i \cdot t_x \cdot \theta}{(1 + i)} \right]$
Implied Return on Equity	**隱含股本回報率**
$k = \dfrac{p_o(1 + i^1) - \theta \cdot i\,[1 + i(1 - t_x)]}{(1 + i)(1 - \theta)}$	$k = \dfrac{p_o(1 + i^1) - \theta \cdot i\,[1 + i(1 - t_x)]}{(1 + i)(1 - \Omega)}$

where	此處
p^o composite required return	p^o 綜合所需回報率
k implied return on equity	k 股東權益的引申回報
t_x income tax rate	t_x 所得稅稅率
p_o unlevered required return on equity	p_o 無槓桿股東權益的所需回報率
i cost of debt	i 債務成本
$i^1 = i\,(1-t_x \cdot \theta)$	$i^1 = i\,(1-t_x \cdot \theta)$
θ debt ratio	θ 槓桿比率
g_{FCF} growth rate of free cash flow	g_{FCF} 自由現金流的增長率

Estimation of Terminal Value	**估算終值的公式**
Value driver model $$CV = \frac{NOPLAT_{T+1}\,^{(1-g/r)}}{WACC-g}$$	供值驅動模型 $$CV = \frac{NOPLAT_{T+1}\,^{(1-g/r)}}{WACC-g}$$
Aggressive growth model $$CV = \frac{NOPLAT_{T+1}}{WACC-g}$$	積極增長模型 $$CV = \frac{NOPLAT_{T+1}}{WACC-g}$$
Perpetuity model $$CV = \frac{NOPLAT_{T+1}}{WACC}$$ where CV continuing value $WACC$ after tax weighted average cost of capital $NOPLAT$ non-operating profit after tax g_{NOPLAT} growth rate of NOPLAT $T+1$ the free cash flow after the final free cash flow (FCF_t)	永續性模型 $$CV = \frac{NOPLAT_{T+1}}{WACC}$$ 此處 CV 持續價值 $WACC$ 稅後平均資本成本 $NOPLAT$非營淨運稅後利潤 g_{NOPLAT}NOPLAT的增長率 $T+1$自由現金流(FCF_t)後的一個自由現金流

Relative Valuation Models	相對定價模型
Price / Earnings Ratios For stable earnings growth companies $$\frac{P_O}{EPS_O} = \frac{p(1+g_{EPSn})}{r-g_{EPSn}}$$ For high earnings growth companies $$\frac{P_O}{EPS_O} = \frac{p(1+g_{EPSn})\left(1-\dfrac{(1+g_{EPSn})^n}{(1+r)^n}\right)}{r-g_{EPSn}}$$ $$+\frac{p_n(1+g_{EPSn})^n(1+g_{EPSn})}{(r-g_{EPSnn})(1+g_{EPSn})}$$ where g_{EPS} expected growth rate of earnings in first n years g_{EPSn} stable growth rate of earnings after year n P_O share price EPS_O earnings per share r discount rate p_n dividends payout ratio in year n n number of year	**市盈率** **盈利穩定增長的企業** $$\frac{P_O}{EPS_O} = \frac{p(1+g_{EPSn})}{r-g_{EPSn}}$$ **盈利高增長的企業** $$\frac{P_O}{EPS_O} = \frac{p(1+g_{EPSn})\left(1-\dfrac{(1+g_{EPSn})^n}{(1+r)^n}\right)}{r-g_{EPSn}}$$ $$+\frac{p_n(1+g_{EPSn})^n(1+g_{EPSn})}{(r-g_{EPSnn})(1+g_{EPSn})}$$ 此處 g_{EPS} 首n年期間的預期盈利增長率 g_{EPSn} n年後的穩定盈利增長率 P_O 股價 EPS_O 每股盈利 r 折現率 p_n 第n年的派息率 n 年期
Price / Book Value Ratio For stable book value growth companies $$\frac{P_O}{BV_O} = \frac{ROE \cdot p(1+g_{EV})}{r-g_{EV}}$$	**價格/帳面值比率** **帳面股東權益增長穩定的企業** $$\frac{P_O}{BV_O} = \frac{ROE \cdot p(1+g_{EV})}{r-g_{EV}}$$

For high book value growth companies

$$\frac{P_O}{BV_O} = ROE \cdot \left[\frac{p(1+g_{EV})\,(1 - \frac{(1+g_{FPSn})^n}{(1+r)^n})}{r - g_{EV}} + \frac{p_n \cdot (1+g_{FPSn})^n(1+g_{FPSn})}{(r - g_{EPSnn})(1+g_{FPSn})} \right]$$

where

g_{EV}	expected growth rate of book value in first n years
g_{EVn}	stable growth rate of book value after year n
P_O	share price
BV_O	book value of equity
ROE	return on equity
r	discount rate
p	dividends payout ratio
p_n	dividends payout ratio in year n
n	number of year

帳面股東權益高增長的企業

$$\frac{P_O}{BV_O} = ROE \cdot \left[\frac{p(1+g_{EV})\,(1 - \frac{(1+g_{FPSn})^n}{(1+r)^n})}{r - g_{EV}} + \frac{p_n \cdot (1+g_{FPSn})^n(1+g_{FPSn})}{(r - g_{EPSnn})(1+g_{FPSn})} \right]$$

此處

g_{EV}	首n年期間的預期帳面股東權益增長率
g_{EVn}	n年後的穩定帳面股東權益增長率
P_O	股價
BV_O	帳面股東權益
ROE	股東權益回報
r	折現率
p	派息率
p_n	第n年的派息率
n	年期

Price/Sales Ratio

For stable sales growth companies

$$\frac{P_O}{Sales\ volume_O} = \frac{profitmargin \cdot p(1+g_{sn})}{r - g_{Sn}}$$

For high sales growth companies

$$\frac{P_O}{Sales\ volume_O}$$

價格/銷售額比率

銷售額增長穩定的企業

$$\frac{P_O}{Sales\ volume_O} = \frac{profitmargin \cdot p(1+g_{sn})}{r - g_{Sn}}$$

銷售額高增長的企業

$$\frac{P_O}{Sales\ volume_O}$$

$$profitmargin = \left\{ \frac{p(1+g_s)\left[1 - \frac{(1+g_s)^n}{(1+r)^n}\right]}{r-g_{Sn}} + \frac{p_n(1+g_{Sn})^n(1+g_{Sn})}{(r-g_{Snn})(1+g_{Sn})} \right\}$$

$$profitmargin = \left\{ \frac{p(1+g_s)\left[1 - \frac{(1+g_s)^n}{(1+r)^n}\right]}{r-g_{Sn}} + \frac{p_n(1+g_{Sn})^n(1+g_{Sn})}{(r-g_{Snn})(1+g_{Sn})} \right\}$$

where		此處	
g_s	expected growth rate of sales volume in first n years	g_s	首n年期間的預期銷售額增長率
g_{Sn}	stable growth rate of sales volume after year n	g_{Sn}	n年後的穩定銷售額增長率
P_o	share price	P_o	股價
r	discount rate	r	折現率
p	dividends payout ratio	p	派息率
p_n	dividends payout ratio in year n	p_n	第n年的派息率
n	number of year	n	年期

Firm Value/ Earnings before Interest, Tax, Depreciation and Amortization (EBITDA)

Cash Version

$$\frac{Value}{EBITDA} = \frac{market\ value\ of\ gequity + market\ value\ of\ debt}{EBITDA}$$

The No-Cash Version

$$\frac{Value}{EBITDA} = \frac{market\ value\ of\ gequity + market\ value\ of\ debt - cash}{EBITDA - cash}$$

公司價值/利息、稅項、折舊及攤銷前的盈利（EBITDA）

現金情況

$$\frac{Value}{EBITDA} = \frac{market\ value\ of\ gequity + market\ value\ of\ debt}{EBITDA}$$

無現金情況

$$\frac{Value}{EBITDA} = \frac{market\ value\ of\ gequity + market\ value\ of\ debt - cash}{EBITDA - cash}$$

PE/Growth Ratio	市盈率/增長比例
$$PEG = \frac{P/E\,Ratio}{g_{EPS}}$$	$$PEG = \frac{P/E\,Ratio}{g_{EPS}}$$
where	此處
PEG　PE/Growth Ratio	PEG　市盈率/增長比例
g_{EPS}　growth of earnings per share	g_{EPS}　每股盈利增長
$\frac{P}{E}Ratio$　price earnings ratio	$\frac{P}{E}Ratio$　市盈率

Option Pricing Model	**期權定價方法**
Option Pricing Model	期權定價模型
$V_e = VN(d_1) - De^{-rt}N(d_2)$	$V_e = VN(d_1) - De^{-rt}N(d_2)$
where	此處
V_e　value of equity	V_e　股東權益價值
V　value of the assets	V　資產的價值
D　face value of the outstanding debt	D　負債的帳面值
o^2　variance in the value of the assets	o^2　資產的價值的變異數
t　maturity of the debt	t　債項的期滿期
r　risk free rate	r　無風險利率
$N_{(x)}$　cumulative standard normal distribution	$N_{(x)}$　累計標準常態分配
$d_2 = d_1 - o\sqrt{t}$	$d_2 = d_1 - o\sqrt{t}$

附錄

股票投資的小算術

　　有好幾個數字在股票投資的範疇裡是必須運用的，但卻偏偏被人忽視，其中一個是普通股每股盈利（Earnings Per Share，簡稱EPS）。坊間很多課本會將它定義為當年企業整年盈利除以期末企業已發行的普通股股數。但這定義是否正確就沒有引起太多投資者，甚至是某些分析師注意。我在這部份就向讀者介紹幾個日常會用到，但又常被忽略的財務數據。

一、每股盈利
（Earnings Per Share，簡稱EPS）

　　每股盈利按普通股股份發行數目分為「基本每股盈利（Basic EPS）」及「攤薄每股盈利」（Diluted EPS）。在計算每股股利時，我們首先要瞭解用作分母的純利（Net Profit）的定義。在算式中純利是：

1. 已公佈的普通股股息不應被減出，因為它是純利的一部份；

2. 優先股（Preferred Shares或Preference Shares）的股息必須被減去。因為在某層面上，優先股是企業之借貸。又假如去年企業因虧損等原因而沒有按照要約書派發優先的股息，優先股息需要在補發的當年被減去，因為優先股股息是可累積的（Cumulative）；

3. 當然，在沒有派發優先股股息的當年，我們不用在當年盈利減去優先股股息；

4. 不應該加上去年已公佈但未派發的普通股息。

A. 基本每股盈利（Basic EPS）

基本每股盈利的計算方式是：

基本每股盈利　＝（純利潤－優先股股息）／所有已發行普通股加權平均股數

我們更應該注意的是「加權」。

（例子）
1月1日企業A已發行普通股股數：13,000,000股
3月10日企業A派送紅股，發行為每4股送1股，合共：3,250,000股
12月31日企業A已發行普通股股數，合共：16,250,000股

加權平均普通股股數：{（13,000,000股x68天）+ [（130,000,000股＋3,250,000股）x 297天]}／365天＝15,644,521股
換言之，假如當年企業的純利潤是＄25,000,000，基本每股盈利是：
　　　　＄25,000,000／15,644,521股
　　　　＝＄1.598／股

而不是＄1.538／股（即以期末的16,250,000股來除當年純利潤）。當然，如果當年企業並沒有發行任何新股，加權平均股數就會等如期末數。

B. 攤薄每股盈利（Diluted EPS）

攤薄每股盈利的計算公式是：

攤薄每股盈利＝[純利潤－優先股股息＋可兌換優先股股息＋可兌換債券利息支出　x（1－企業稅率）]／[所有已發行普通股加權平均股數＋可能因可兌換優先股被兌換而發行的普通股股數＋可能因可兌換債券被兌換而發行的普通股股數＋可因股份認購權（Stock Options）而發行的普通股股數]

　　一般來說，假如在一個財政年度內，可兌換債務工具及優先股沒有兌換，我們會假設可兌換債務工具及優先股將在財政年度第一天就被全數兌換，然後將增加的普通股股數加進公式內的分母，並在分子中做出相關調整。但在認股權證（Warrants）及認購權（Options）的情況則有所不同。

　　分別點為：
　　　（a）假如在有關的財政年度內，認股權證及認購權證沒有被兌換，我們會假設認股權證及認購權證會在財政年度第一天就被全數兌換，然後將增加的普通股數加進公式內的分母，並且在分子中作出相關調整；
　　　（b）假設透過兌換得來的額外資金將會用於購買國庫券或存入銀行作利息收入；
　　　（c）如果認股權證及認購權證的行使價高於全年普通股股價，我們不用作以上攤薄計算；
　　　（d）如果認股權證及認購權證價格低於全年普通股股價，即使它們的持有人沒有進行兌換也需要作出攤薄處理。

舉例：

（1）可兌換債務工具：

分母（普通股加權平均股數）

1月1日企業已發行普通股股數＝2,000,000

加上：

所有可兌換債務工具可換取的普通股股份＝50,000

用作計算每股盈利的普通股股數＝2,050,000

分子（經調整後純利潤）

當年純利潤＝$2,000,000

減去：

稅務得益（註1）＝$3,600

用作計算每股盈利的純利潤總額＝$2,003,600

註1：假設可兌換債券年息率是12%pa及可兌換債券面額是$50,000
因兌換而節省的利息支出是$50,000 x 12%＝$6,000
假設企業利得稅率是40%，則稅務所得是$6,000 x（1-40%）＝
$3,600（其中$60,000來自註1所算出所節省的利息開支）

$$每股盈利＝經調整後純利潤／普通股加權平均股數$$
$$＝\$2,003,600／2,050,000股$$
$$＝\$0.9774／股$$

（2）優先股

分母（普通股加權平均股數）

1月1日企業已發行普通股股數＝2,000,000

加上

因優先股持有人兌換股票而發行的普通股股數

＝50,000

用作計算每股盈利的普通股股數＝2,050,000

分子（經調整後純利潤）

當年純利潤＝$2,000,000

加上：

稅務得益（註1）＝$3,600

利息收益（註2）＝$500

用作計算每股盈利的純利潤總額＝$2,004,100

每股盈利＝　經調整後純利潤／普通股加權平均股數

　　　　　＝＄2,004,100／＄2,050,000

　　　　　＝＄0.9776/股

註1：假設優先股股息率是每年12%及優先股總值是＄50,000，則因為換
　　　優先股而節省的利息支出是＄50,000x12%＝＄6,000。假設企業利
　　　得稅稅率是40%，則稅務得益是＄6,000 x（1-40%）＝＄3,600
註2：假設＄50,000存放在銀行的存款利息是1%則利息收益是＄50,000 x
　　　10%＝＄500

二、紅股（Bonus Issue）、供股（Rights Issue）等算術

因應市場變化及未來資金需求，上市企業可能會選擇建議分發紅股以擴大股東基礎或保留現金、或進行供股以籌集資金。這種股票發行活動一定會對股票價格有所影響，因為發行的普通股將會有所增加。本節的目的就是討論有關的算術。

1. 紅股（Bonus Issue）

派發紅股的目的主要有兩個。其一是擴大股東基礎，即增加股東人數，間接地增加市場上股份的成交量；其二是保留現金。例如企業預期未來將需要資金供業務發展或增購投資項目，但又不希望使原有股東失望，一般會建議派發紅股。除了

按比例派發普通股（故亦稱為Script Issue）亦可以派發認股權證（Warrant）。

　　派發紅股的方式是按股東持股數量來決定。例如：股東每持有四股就可以獲分發一股，即我們常說的四送一紅股（Bonus 1 for 4）。由於企業需要確定那一批股東方可享有分紅的權利，故它會按某指定日期在股東名冊的記錄來分派。由於股東是記名的，而交易後亦需要過戶，故此在最後一天可以買入股份而又可以將名字記在股東名冊上的日子，我們稱之為「截止過戶日」（Book Close Day）。在當天以後，即使投資者買入股份亦不會獲分派。

　　股票的價格亦會在「截止過戶日」進行調整，我們稱這個過程為「除淨」（Ex-all），故「截止過戶日」亦稱為「除淨日」（Ex-all Day）。理論上，「除淨」後的股價會是：

除淨價＝（原持有普通股股數 x 除淨前股價）/（原持有普通股股數＋獲分派紅股數目）

例子：

除淨前股價是＄2/股

紅股派發比例是4送1

則：

　　　除淨價：（4股x＄2）/（4股＋1股）

　　　　　　＝＄8/5股

　　　　　　＝＄1.6/股

　　我們在這裡是假設派發紅股不會增加股東原有的價值，因為以企業整體來看，如果企業的價值是一億元，無論股份數目是一億股或者是十億股，它的價值仍然會是一億元。話雖如此，我認為股東的實質利益在這情況下是受損的，因為他們獲分派的部份紅股毫無避免地成為「碎股」（Odd Lot），而「碎股」的價格會較正常股份價格為低。

2. 供股（Rights Issue）
及公開發售新股（Open Offer）

　　供股的目的是籌集資金。為了吸引現有股東出資增購新股，供股價通常會以折讓價（Discount Price）給股東按所持股份比例供股。這種集資活動又細分為兩種，在一般的供股計劃中，假如現有股東不願意出資供股，他們可以在市場出售他們所獲分派的「供股權」（Rights）。但在公開發售新股（Open Offer）之下，現有股東如果不願意供股，包銷商（又稱承包人Underwriter）　會取代該股東出資供股，該股東沒有權利將供股權轉讓。採用「公開發售」的方法主要是縮短整個供股程度，因為買賣「供股權」是頗花時間的。

　　跟送紅股的情況相似，投資者在「截止日」（Book Close）或之後購買股份將不會獲得「供股權」。這種情況，我們稱為「除權」（Ex-rights），而「截止日」亦可稱為「除權日」

（Ex-rights Day）。在「除權日」成交的股票價格是「除權價」
（Ex-rights Price）。

「除權價」的計算方式是：

除權價＝（原持有普通股股數x除權日前市價＋獲分派供股
　　　　　權數目x供股價）／（原持有普通股股數＋獲分派
　　　　　供股權可認購股份數目）

例子：

除權前股價是＄2.0/股

供股比例是每5股供1股

供股價是＄1.2/股

即Rights Issue 1 for 5@＄1.2

則：

除權價：（5股 x ＄2＋1股 x ＄1.2）/[5股＋1股]

　　　　＝＄（10 ＋ 1.2)/6 股

　　　　＝＄1.867/股

3. 送認股證（Bonus Warrant）
及現金紅利（Cash Dividend）

　　無論企業是派發認股證或現金紅利，處理方法都是將所分發的價值從股票價格減去便可以。例如認股證的理論價值是＄0.2/股，我們只需在估價中減去＄0.2/股，現金紅利也是一樣。此步驟，我們稱為「除息」（Ex-dividend）。

三、指數水平的預測

　　策略師最常面對的一個問題是「指數將會上升至哪個水平」。當然，如果我說香港的恆生指數會攀升至50,000點，你可能有兩個極端的反應：一、我口出狂言；二、我是活神仙，有水晶球在手。當然，我這樣說是萬無一失的，因為我根本沒有說什麼時限會達到50,000點，那可以是我對5年或10年後水平的預測。

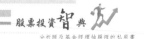

但假如閣下沒有這種「口出狂言」或「譁眾取寵」的膽識，我會
建議閣下採用下面所述的預測方法。

　　談論預測方法前，我們必須先明白股票指數是如何計算的。
我最初在遠東交易所資料室工作時（其後遠東交易所、金銀證券
交易所、香港證券交易所及九龍證券交易所在1986年合併成為香
港聯合交易所，即今日的香港交易所前身），任務之一就是每日
定時發佈遠東指數。其實所有股票指數的計算原理都大同小異，
舉例香港的恆生指數便是：

$$現時指數 = \frac{現時的成份股整體流通市值}{上日的成份股整體流通市值} \times 上日收市指數$$

$$= \left[\frac{\sum(現時股價 \times 股數 \times 流通系數 \times 比重上限系數)}{\sum(上日收市股價 \times 股數 \times 流通系數 \times 比重上限系數)} \right]$$

此處：

股數：已發行股票數量

流通系數：流通量調整系數（Free Float-adjusted Factor），

數值介乎0至1

比重上限系數：個別股份比重調整系數（Cap　Factor），數值介乎0至1

流通量調整系數每半年調整一次，比重上限系數則每季或每年半調整一次，而成份股已發行股票數量亦相對穩定。故此，指數變動主要是由股價變動所致。

有鑑於此，我們可用以下兩個方法去估計指數水平。

方法（一）：按每間企業的目標價（Target Price）來預測

市場上的分析員會估計每檔成份股的目標價，我們只要將這些數字放在指數計算方程式內就可以了。

舉例-市場指數成份股只有以下4檔：

成份股是日收市價	比重（%）	收市價x比重（%）	年底的目標價	目標價x比重（%）
A企業	$ 1.1	10	11	$ 2.0	20
B企業	$ 2.0	20	40	$ 2.5	50
C企業	$ 4.5	30	135	$ 5.6	168
D企業	$ 0.8	40	32	$ 1.2	48
總數		100	218		286

假設今天的指數是18,000點，即今天的股價系數（Price Factor） $= \dfrac{18,000}{218} = 82.57$

假設其他因素不變，我們可以借今天的股價系數去推斷年底的指數，即：

年底指數：今天的股票系數 x $\sum$（年底的目標價x比重）

$= 82.57 \ x \ 286$

$= 23,615.02$

註：1.假設比重系數及流通系數不變

　　2.假設市場風險沒大改變

注意我們必須假設市場風險在此期間並沒有太大的變動。

方法（二）：以今天的市盈率（Price-Earnings Ratio）來預測

恆生指數有限公司會按月公佈市場的平均市盈率，部份證券行也會不時公佈同樣數字。市盈率用於量度市場股數與上市企業盈利之間的關係，比率愈高代表市場價格愈高，或市場信心愈高，我們亦可以借此預測未來的指數水平。以2009年11月為例，已知恆生指數的市盈率是17.79倍（按歷史盈利計算），而恆生指數是21,872.50，我們可以計出

$$
\begin{aligned}
\text{指數盈利（Index Earnings）} &= \frac{\text{當天指數}}{\text{市盈率}} \\
&= \frac{21{,}875.50}{17.79} \\
&= 1{,}229.65
\end{aligned}
$$

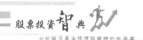

　　假設市場風險沒有太大變動,而市場整體盈利將會按年增長18.8%,我們可以計出

　　2010年年底指數＝［目前指數盈利 x(1＋預測盈利增長)］
　　　　　　　　　　x市盈率
　　　　　　　　＝1, 229.65　x(1＋18.8%)x 17.79
　　　　　　　　＝25, 988.06
.

　　當然若市場氣氛持續向好,市盈率看漲,則預測指數也會看漲。如在上例,市盈率若增長至20倍,則2010年年底的指數將上升至
　　2010年年底指數＝1, 229.65　x(1＋18.8%)x 20
　　　　　　　　＝29, 216.48

　　當然市盈率可不容胡亂猜度,因其反映了市場對風險的評估及對盈利的預測。在此我不詳述如何計算市盈率,有興趣的讀者可以翻閱拙作《證券價格評估「智」典》。

結 論

綜觀上述兩個預測指數的方法,皆有可取之處,因為兩者都能針對市場對上市企業盈利變動的敏感度,可惜卻對市場風險度甚為麻木。事實上,市場對風險評估並未有客觀的標準。有人會用美國的經濟領先指數(Leading Indicator)來推斷市場風險,亦有人用本地GDP或採購經理指數,但這些都不能涵蓋市場結構性變動或政治風險。以香港為例,在1997年回歸以後,整體政治及社會環境變得不甚和諧,風險理應增加,市盈率該隨之而下降。然而香港受到內地大力支持,整體經濟免受嚴峻打擊,故此風險又相對地低,市盈率應可看好。有鑑於此,我們或能粗疏地估計指數水平,但要精確的推算,基本上是癡人說夢話。

策匯傳信出版

股票投資「智」典
分析師及基金經理抽屜裡的私房書

建議售價・480元

作　　者・彭宣衞

發 行 人・彭宣衞

出　　版・策匯傳信

地址：香港新界葵涌大連排道172-180號金龍工業中心第三期6字樓G室

電話：852-21111345　傳真：852-30070567

電郵：ovispress@gmail.com

臺灣經銷・白象文化事業有限公司

台中市402南區美村路二段392號

經銷、購書專線：04-22652939　傳真：04-22651171

印　　刷・基盛印刷工場

版　　次・2012年（民101）三月初版一刷

設計編印　白象文化
www.ElephantWhite.com.tw
press.store@msa.hinet.net

國 家 圖 書 館 出 版 品 預 行 編 目 資 料

股票投資「智」典：分析師及基金經理抽屜裡的私
房書／彭宣衞著. --初版.—臺中市：
策匯傳信出版，民101.03
　　面：　公分.
ISBN 978-986-86698-1-9（平裝）
1. 股票投資　2. 投資技術　3. 投資分析
563.53　　　　　　　　　　99026868

※缺頁或破損的書，請寄回更換。※版權歸作者所有，內容權責由作者自負